CURIOSITÉS DE L'ÉGLISE DE NOTRE-DAME DE PARIS,

AVEC

L'EXPLICATION DES TABLEAUX

QUI ONT ÉTÉ DONNÉS PAR LE CORPS DES ORFÉVRES.

A PARIS.

Chez CL. P. GUEFFIER, Libraire, Parvis Notre-Dame, à la Libéralité.

M. DCC. LIII.

Avec Approbation & Privilege du Roi.

[illegible]

A PARIS,

[illegible] Notre-Dame, [illegible]

[illegible]

APPROBATION.

J'Ai lû par ordre de Monseigneur le Chancelier, le présent manuscrit : je crois qu'on peut en permettre l'impression. Fait à Paris, ce 20 Novembre 1752.

DES ESSARTS.

PRIVILEGE DU ROY.

LOUIS, PAR LA GRACE DE DIEU, ROY DE FRANCE ET DE NAVARRE : A nos amez & féaux Conseillers, les Gens tenant nos Cours de Parlement, Maîtres des Requêtes ordinaires de notre Hôtel, Grand-Conseil, Prévôt de Paris, Baillifs, Sénéchaux, leurs Lieutenans Civils, & autres nos Justiciers qu'il appartiendra, SALUT : Notre amé CLAUDE-PIERRE GUEFFIER, Libraire à Paris, nous a fait exposer qu'il désireroit faire imprimer & donner au Public des Ouvrages qui ont pour Titres : *Tarif des Glaces de la Manufacture Royale, Tarif de la Vaisselle platte, poinçon de Paris, &c. Les Curiosités de l'Eglise de Notre-Dame de Paris*, s'il nous plaisoit lui accorder nos Lettres de permission pour ce nécessaires. A CES CAUSES, voulant favorablement traiter l'Exposant, Nous lui avons permis & permettons par ces Présentes, de faire imprimer lesdits Ouvrages autant de fois que bon lui semblera ; & de les vendre, faire vendre & débiter par tout notre Royaume, pendant le tems de trois années consécutives, à compter du jour de la date des Présentes. Faisons défenses à tous Imprimeurs, Libraires, & autres personnes de quelque qualité & condition qu'elles soient, d'en introduire d'impression étrangére dans aucun lieu de notre obéissance ; à la charge que ces Présentes seront enregistrées tout au long sur le Registre de la Communauté des Imprimeurs-Libraires de Paris, dans trois mois de la date d'icelles : Que l'impression desdits Ouvrages sera faite dans notre Royaume & non ailleurs, en beau papier & beaux caractères, conformement à la Feuille imprimée, attachée pour modele sous le contre-scel des Présentes : Que l'Impétrant se conformera en tout aux Réglemens de la Librairie, notamment à celui du dix Avril mil sept cent vingt-huit : Qu'avant de les exposer en vente, les Manuscrits qui auront servi de Copies à l'impression desdits Ouvrages, seront remis dans le même état où l'Approbation y aura été donnée, ès mains de notre très-cher & féal Chevalier Chancelier de France, le Sieur DE LAMOIGNON, & qu'il en sera ensuite remis deux Exemplaires de chacun dans notre Bibliothéque publique, un dans celle de notre Château du Louvre, un dans celle de notre très-cher & feal Chevalier Chancelier de France, le Sieur DE LAMOIGNON, & un dans celle de notre très-cher & féal Chevalier Garde des Sceaux de France, le Sieur de MACHAULT, Commandeur de nos Ordres : le tout à peine de nullité des Présentes ; du contenu desquelles vous mandons & enjoignons de faire jouir ledit Exposant & ses ayans-cause, pleinement & paisiblement, sans souffrir qu'il leur soit fait aucun trouble ou empêchement. Voulons qu'à la Copie des Présentes qui sera imprimée tout au long au commencement ou à la fin desdits Ouvrages, foi soit ajoutée comme à l'Original. Commandons au premier notre Huissier ou Sergent sur ce requis, de faire, pour l'exécution d'icelles, tous Actes requis & nécessaires, sans demander d'autre permission, & nonobstant clameur de Haro, Charte Normande & Lettres à ce contraires : Car tel est notre plaisir. DONNÉ à Versailles, le neuviéme jour du mois de Décembre, l'An de Grace mil sept cent cinquante-deux, & de notre Regne le trente-huitiéme. Par le Roi en son Conseil,

SAINSON.

Registré sur le Registre XII. de la Chambre Royale des Libraires & Imprimeurs de Paris, N°. 125. Fol. 96. conformément aux anciens Réglemens confirmés par celui du 8 Février 1723. A Paris le 2 Mars 1753. HERISSANT, Adjoint.

De l'Imprimerie de VALLEYRE.

LES CURIOSITÉS DE L'EGLISE DE NOTRE-DAME DE PARIS.

L'EGLISE de Notre-Dame de Paris a été consacrée en l'honneur de Dieu & de la Sainte Vierge ; elle passe pour la plus ancienne de cette Ville après celle de Saint Denis-du-Pas, petite Eglise fondée par les premiers Chrétiens à la dévotion de la Vierge Marie, de saint Denis & de saint Estienne, alors la premiere Cathédrale de Paris, telle que le permettoit ce tems-là ; & on voit encore aujourd'hui sur une des Bannieres de Notre-Dame l'image de la Sainte Vierge au milieu de St Denis, & de St Estienne

A

premier Martyr ; cette petite Eglise est derriere Notre-Dame.

Le Pape S. Clément, successeur de S. Pierre, ayant envoyé S. Denis dans les Gaules avec S. Rustique, Prêtre, S. Eleutere, Diacre, pour y prêcher la Foi de Jesus-Christ, saint Denis fut le premier Evêque de Paris, où il reçut avec ses Compagnons les glorieuses couronnes du Martyr. Après sa mort le Peuple eut une si grande vénération pour ce premier Apôtre de France, que l'Eglise de Notre-Dame en porta le nom jusqu'en l'an 522 que le Roi Childebert I. la fit rebâtir la huitiéme année de son regne. Alors elle fut consacrée à la Sainte Vierge, dont on lui a conservé le nom jusqu'à présent ; cependant le Pere Daniel, dans son Histoire de France, pense autrement.

Le Pere de Montfaucon, fameux Antiquaire, assure que l'Eglise de Notre-Dame a servi de Temple à Jupiter ; & ce qui sert à confirmer cette opinion est une Inscription qu'il a trouvée dans ses derniers tems.

Le Roi Robert, Prince très-pieux, fils de Hugues Capet, faisant son séjour à Paris, fit rebâtir cette Eglise sur le dessein qu'on la voit aujourd'hui ; mais ce superbe Basilique ne fut élevé sous son regne, qu'à rez de chaussée jusqu'en l'an 1196, que le Roi

Philippe II, surnommé Auguste, & Maurice de Sully, soixante-dixiéme Evêque de Paris, Prélat rempli d'un saint zele pour son Eglise, firent continuer ce vaste édifice avec diligence; & après la mort de ce dernier, Odo de Soliaco, son Successeur, ayant un pareil zele y contribua de même jusqu'en l'an 1208. qu'il mourut. Pierre Camb qui lui succéda l'ayant fait aussi continuer, il y a toute apparence que la grande façade de cette Eglise fut achevée sous le même Roi Philippe Auguste, puisque ce Prince se trouve le dernier au rang des Rois de France que l'on voit au haut de cette même façade.

Cependant dans les Antiquités de Paris par Malingre, l'Auteur dit avoir eu la communication d'un ancien Extrait du Trésor du Chapitre de Notre-Dame, où il est marqué que cette Eglise fut commencée par Hercandus, quarante-deuxiéme Evêque de Paris, qui, selon la plus commune opinion, déceda l'an 826, & que Maurice de Sully, soixante-dixiéme Evêque de Paris, la continua & amplifia de beaucoup sous le Roi Philippe II. surnommé Auguste; mais que Odo de Soliaco, qui est Sully en Berry, successeur de l'Evêque Maurice, l'acheva entiérement sous le regne du même Roi; & que depuis Hercandus jusqu'à Maurice, il y a eu 28 Evêques de Paris, qui font 380 ans que cette Eglise a été à bâtir, soit faute de moyens ou pour cause de troubles. Cet ancien Extrait ne s'accorde guères avec ce qu'on voit encore aujourd'hui gravé sur la pierre du Portail méridional, qui est du côté de l'Archevêché, où se trouvent ces mots: *Anno Domini M. C. LVII. mense Februario Idus secundo hoc fuit inceptum Christi Genitricis honore, Kalensi Lathomo, vivente Joanne magistro.*

Cette Inscription, en Lettres capitales gotiques, fait assez connoître que Odo de Soliaco, successeur de Maurice, qui déceda l'an 1208, n'a pas fait achever l'Eglise de Notre-Dame, puisque ce Portail méridional n'a été commencé qu'en l'an 1257; ainsi on ne doit pas ajoûter foi à cet ancien Extrait que Malingre cite dans ses Antiquités de Paris.

De la description de Notre-Dame.

Cette Eglise, qui est la Cathédrale & Métropole de cette Ville, est sans contredit une des plus anciennes de toute la France; son Architecture, quoique gotique, a quelque chose de si singulier & de si délicat, qu'elle a toujours passé pour la plus belle Eglise du Royaume: elle est remarquable par la hardiesse de sa structure, par sa grandeur & la commodité de sa distribution. Elle est bâtie en croisée sur pilotis, ayant 65 toises de longueur, 24 de largeur & 17 de hauteur en dedans, le tout soutenu par 120 gros pilliers; on y compte aussi 108 colonnes toutes d'une seule pierre.

Les deux Tours ont chacune 34 toises de haut. Cette proportion étoit marquée anciennement sur une plaque de cuivre attachée proche la figure collossale de Saint Christophe. On y lisoit:

Si tu veux sçavoir comme est ample
De Notre-Dame le grand Temple,
Il y a dans œuvres pour le seur
Dix & sept toises de hauteur,
Sur la largeur de vingt-quatre:
Et soixante-cinq sans rabattre
A de long, aux Tours haut montées
Trente-quatre sont bien comptées;
Le tout fondé sur pilotis,
Aussi vrai que je te le dis.

On compte 389 degrés pour arriver sur leurs plattes formes; elles sont couvertes de plomb, & c'est de-là que l'on voit avec plaisir Paris à découvert, & d'où l'on jouit d'une vûe des plus agréables & des plus étendues sur tous les Environs de cette charmante Ville.

Dans une de ces Tours il y a sept Cloches, dont la plus grosse se nomme Gabriel, la seconde Guillaume, la troisiéme Pasquier, la quatriéme Thibault, ensuite les deux Moineaux, & la septiéme Nicolas. Dans l'autre Tour il y en a deux plus grosses, qu'on nomment Bourdons ; la plus forte pese 32 mille, elle se nommoit anciennement Jacqueline. Elle fut donnée, en l'an 1400, par Jean de Montagut, frere de Girard de Montagut, quatre-vingt-douziéme Evêque de Paris. Elle fut refondue en 1682, dont son poids a été augmenté de seize mille, & refondue une seconde fois en 1686, & nommée Emmanuel-Louis par Louis XIV. La moyenne, qui pese 28 mille, fut nommée Marie-Thérese par la Reine femme de Louis XIV. On lit autour ces mots: *Quæ priùs Jacquelina Joannis Comitis de Monte-acuto domum pond. XV. M. nunc, duplo auctâ Emanuel Ludovica, Theresia vocor à Ludovico Magno & Mariâ-Theresiâ ejus conjuge nominata, & à Francisco Harleo, primo ex Archiepiscopis Parisiensibus Duce, ac Pari Franciæ, benedicta die 29 Aprilis anno 1686.*

La Charpenterie des voutes, qu'on appelle la Forêt, par le grand nombre de bois de Chataignier dont elle est composée, soutient toute la couverture de plomb de cette Eglise; elle n'est posée que sur les quatre gros murs, de même que celle du clocher qui est au-dessus du milieu de la croisée, bâti sur un fort tronc de bois soutenu par quatre poutres qui posent sur les quatre principaux pilliers de cette croisée.

Toutes les Chapelles sont au par-dessus & hors d'œuvres, couvertes de plattes & larges pierres bien plombées & bien cimentées, autour desquelles il y a une infinité d'arcades, canaux & tuyaux en forme d'animaux travaillés fort artificiellement, pour écouler les eaux, & deux belles Galleries tant pour tourner autour du Chœur que de la Nef, ayant mêmes degrés hors d'œuvres, & commodes pour monter au haut & passer par-dessus la couverture de la Croisée.

Tout l'édifice de cette Eglise est soutenu par 120 pilliers, & forme une double allée qui regne dans tout le tour sans comprendre l'espace des Chapelles, au-dessus desquelles il y a en dedans de grandes Galleries ou Voutes espacées par des colonnes chacune d'une seule piéce, bordées sur le devant d'une belle Balustrade de fer. Ce lieu est très-commode pour voir les cérémonies dans les Fêtes extraordinaires.

Les deux Roses qui sont au-dessus des deux Portes collatérales, ont chacune 40 pieds de diamêtre; elles sont remarquables par leur grandeur & par la variété des couleurs qui sont employées sur le verre. Celle qui est du côté de l'Archevêché a été refaite en 1726. aux dépens du Cardinal de Noailles, Archevêque de Paris; ses Armes sont au milieu de cette Rose.

La façade de cette Eglise est remarquable par son élévation & par ses grandes portes, qui sont faites en enfoncement, & ornées d'un nombre de figures historiées du nouveau Testament. Au-dessus de celle du milieu on voit le Jugement universel, où d'un côté sont les Justes, & de l'autre les Réprouvés. Un Ange est au milieu qui tient la balance de la Justice divine; vis-à-vis de lui on voit un Démon, qui, pour la faire pancher de son côté, pose son doigt dessus, tandis qu'un autre Démon, qui est à ses pieds, l'attire à lui avec un crochet; mais malgré tous ses efforts, la balance se trouve toujours juste du côté de l'Ange. La figure qui est au-dessous représente Notre Seigneur donnant sa bénédiction; & aux deux côtés des portes sont les Vierges sages & foles. Les figures qui accompagnent Notre-Seigneur sont les douze Apôtres foulant sous leurs pieds des Rois payens ou autres figures ridicules. Plus bas on voit dans des cadres ronds des figures hyeroglifes qui représentent les douze mois de l'année, & au-dessous à gauche l'histoire du bonhomme Job, & de l'autre côté l'histoire de S. Antoine.

Sur la Porte appellée Ste Anne, qui est à droite en entrant, on remarque en haut le Paradis, plus bas la Sainte Vierge tenant son Fils Jesus sur ses genoux, & deux Anges à ses côtés; au-dessous la Naissance de Jesus-Christ couché dans la crèche. La grande figure du milieu représente saint Marcel qui terrasse avec sa crosse un dragon; aux côtés sont différens Saints & Saintes soutenus par des figures payennes & autres.

La Porte à gauche, qui est celle pour monter aux Tours, représente en haut le Couronnement de la Sainte Vierge; plus bas son Trépassement en présence des Apôtres qui l'ensevelissent pour la mettre dans le tombeau. Les autres grandes figures sont des Saints, Saintes & des Anges. Au milieu est la figure de la sainte Vierge: sous ses pieds le Paradis terrestre, où se trouvent Adam & Eve qu'un Ange chasse du Paradis. Les grandes figures à droite sont ſaint Jean-Baptiſte, ſaint Marcel & ſainte Genevieve, ſous leurs pieds une tentation d'un garçon & d'une fille par le Démon; ſur les bandes, au long des portes, les ſignes des douze mois & des quatre ſaiſons de l'année.

Au-deſſus des portes de cette façade il y a une Gallerie ornée de 28 ſtatues qui ont quatorze pieds de haut chacune; tous Rois de France, commençant à Childebert, pour ceux de la premiere Race qui compoſe treize Rois juſqu'à Pepin le Bref que l'on voit monté ſur un Lion, non à cauſe de ſa petite ſtature, mais de ſa valeur & de ſon grand courage, qu'il fit paroître en préſence des Seigneurs de ſa Cour, au Château de l'Abbaye de Ferrieres, dans un combat de bêtes féroces, où ce Roi ayant apperçu un Lion acharné ſur un Taureau, dit aux Seigneurs qui l'accomgnoit qu'ils faudroit les aller ſéparer, mais aucun n'eut aſſez de hardieſſe. Ce Prince voyant leur peu de courage, courut lui-même ſur le Lion, & d'un ſeul coup du revers de ſon épée lui coupa la tête; à ſon retour il dit à ces mêmes Seigneurs, ſuis-je digne d'être votre Roi? En ſuivant eſt ſon fils Charlemagne, Louis le débonnaire, Louis le begue & Charles le ſimple, tous les cinq, Rois de la ſeconde Race; après eux sont dix Rois de la troisiéme, Eudes, Robert & Raoul de Bourgogne, tous les trois, Comtes de Paris, couronnés & sacrés Rois de France; à leur suite Hugues Capet, Robert, Henri I, Philippe I, Louis le gros, Louis le jeune & Philippe II. dit Auguste, qui est le dernier, tenant la pomme impériale à la main, ainsi que plusieurs autres Rois ses prédecesseurs qui ont porté le nom de Grand & d'Empereur.

Au-dessus de ces Rois, il y a trois autres Galleries; la plus élevée sert de passage d'une tour à l'autre : elle est soutenue par des colonnes d'une seule pierre travaillée très délicatement. On voit au bas, entre les deux Tours, deux réservoirs de plomb qui contiennent environ 80 muids d'eau, pour en faire usage en cas d'incendie dans cette Eglise.

Sous le Roi Louis XII. pour entrer dans Notre-Dame on montoit treize marches de pierre qui regnoient le long de la façade, & qui se trouvent enterrées sous le pavé du Parvis; mais à présent l'entrée est presque de plein pied.

Les portes qui sont ferrées de cette même façade méritent l'attention des Curieux. On y remarque sur les ornemens plusieurs têtes ayant des cornes, ce qui engage beaucoup de personnes à croire que c'est l'ouvrage du Démon, qu'ils nomment Bifcornet, & en font un Conte dont voici le fait. Un Garçon Serrurier, disent-ils, s'étant présenté pour être reçu Maître, on lui demanda pour Chef-d'œuvre de ferrer les portes de cette Eglise; ne pouvant le faire, le Démon se présenta à lui sous la forme d'un homme, & lui dit, que s'il vouloit se donner à lui dans un certain tems, il feroit son Chef-d'œuvre, ce qu'accepta l'Ouvrier. Il arriva que le lendemain quatre de ces portes se trouverent ferrées, à l'exception de celles du milieu, qu'il ne put ferrer parce que le Saint Sacrement passe par cette porte; de sorte que ce Garçon Serrurier fut dégagé par ce moyen de son pacte fait avec le Démon, & fut reçu Maitre. Et pour preuve, ajoutent-ils, que c'est l'ouvrage du Démon, c'est qu'il a laissé son portrait sur plusieurs bandes de fer: ainsi voilà ce que pense le commun du peuple.

On doit plutôt croire que c'est l'ouvrage d'un habile Serrurier qui se nommoit Biscornet, & qui avoit le secret d'employer le fer autrement que ses Confreres, & que pour conserver la mémoire de son nom & de son ouvrage à la postérité, il aura mis, comme Armes parlantes & ayant rapport à son nom, plusieurs têtes ornées de cornes, mot qui approche de celui de Bis-cornet.

Mais quelques-uns de ces Faiseurs de contes ne manqueront pas de demander pourquoi les portes du milieu n'ont pas été ferrées par ce même Serrurier qui étoit si habile dans son Art. Il auroit pu se faire, comme nous sommes tous mortels, que la mort ait enlevé cet Artisan au milieu de son entreprise, & qu'après lui il ne se soit pas trouvé d'assez habiles Serruriers, pour continuer cet ouvrage dans le même goût. Car il suffit de remarquer les autres portes collatérales tant du côté de l'Archevêché que de celui du Cloître, pour trouver de la différence dans le travail de la ferrure qui est des plus simples, ce qui aura occasionné à ne point faire ces deux portes, dans l crainte de défigurer celles des côtés.

C'est encore une erreur populaire que de croire que cette Eglise a été bâtie par les Anglois; elle ne peut être fondée que sur ce qui se passa vers la fin du regne du Roi Charles VI. surnommé le Bien-aimé. Ce Roi ayant marié en l'année 1420 Catherine de France sa fille à Henri V. Roi d'Angleterre, il arriva qu'après ce mariage Isabelle de Baviere, femme de Charles VI, qui aimoit sa fille, prit une haine mortelle contre son fils Charles alors

Dauphin, de ce que ce Prince lui avoit fait quelques remontrances sur sa conduite. Cette mere vindicative ne voulut jamais lui pardonner cette faute ; & comme elle s'attendoit à quelque chose de sinistre si son fils devenoit Roi après la mort de son pere, qui ne devoit pas aller loin, son esprit étant aliéné, cette Reine dénaturée fit tant par ses intrigues, qu'elle engagea le Roi Charles VI. son mari, qui étoit alors tombé en démence d'esprit, de nommer pour son successeur à la Couronne de France Henri V. Roi d'Angleterre, son gendre, au préjudice du Dauphin son propre fils, ce qui étoit contraire à la Loi Salique qui en exclud les femmes, quoique Princesses du Sang de France, & qu'il n'y a que les Fils aînés de nos Rois ou les plus proches Princes du Sang en ligne directe qui ont droit de succéder à cette Couronne.

Le 28 Août 1422. Henri V. prétendu Successeur de la Couronne de France, étant mort au Château de Vincennes, laissa après lui un fils au berceau, âgé de deux ans, né en Angleterre & nommé Henri VI. qui fut couronné à Londres Roi d'Angleterre après la mort de son pere ; & le 20 du mois d'Octobre suivant mourut à Paris le Roi Charles VI. dans son Hôtel de Saint Pol. Le Dauphin son fils, qui s'étoit retiré à Bourges, fut aussi-tôt proclamé Roi de France.

Le Duc de Bethford, alors Régent, & oncle du jeune Roi d'Angleterre, ayant reçu la nouvelle de la mort du Roi Charles VI, fit proclamer à Londres le jeune Prince son neveu Roi de France, comme petit-fils de Charles du côté de sa mere, & aussi en qualité de successeur du Roi son pere, qui en avoit été déclaré le successeur par Charles VI. son beau pere; ce qui causa une longue guerre entre la France & l'Angleterre. Les prétentions du jeune Roi d'Angleterre étoient soutenues par la Reine Isabelle sa grand'mere, & autres Princes du Sang & Seigneurs de France, qui se trouvoient alors possesseurs de la moitié du Royaume & principalement de la Ville de Paris. Pendant cette guerre trop durable, le Duc de Bethford, comme Régent du jeune Roi son neveu, le fit passer en France en 1431. & le fit couronner Roi de France par le Cardinal de Wincester, dans l'Eglise de Notre-Dame de Paris avec grande pompe & cérémonie, au préjudice du Roi Charles VII. son oncle que la Pucelle d'Orleans avoit fait sacrer à Reims; mais après plusieurs siéges & combats de part & d'autre, pendant trente ans que dura cette guerre, Charles VII. se trouva le victorieux & le seul possesseur de son Royaume, après en avoir chassé entiérement les Anglois; & la longue possession qu'en a eu cette Nation, aura donné lieu par la suite des tems à croire qu'elle avoit bâti Notre-Dame. Mais le couronnement du jeune Roi d'Angleterre dans cette Eglise doit suffire, avec les autres époques ci-devant cités, pour détruire le préjugé de tous ceux qui n'ont pas lû les Antiquités de Paris.

Cette erreur pourroit venir du nom de famille de l'Architecte ou du Maître Maçon qui ont conduit ce vaste Bâtiment, qui se nommoit peut-être Langlois, (nom qui n'a jamais été rare en France & qui se prononce comme celui de la Nation Angloise,) & que ce Peuple ayant été longtems possesseur de la Ville de Paris, cela aura peut-être donné lieu de croire par la suite que c'étoient les Anglois qui ont bâti cette Eglise. Il auroit pu se faire aussi qu'on eut fait venir d'Angleterre les plus habiles Ouvriers pour bâtir Notre-Dame, comme gens très-expérimentés dans l'art d'élever de grands édifices: ce qui n'est pas croyable, car les Antiquités de Paris & les Histoires de France en auroient fait mention; ainsi c'est à tort que l'on attribue la gloire de ce bâtiment à cette Nation qui n'y a eu aucune part.

Voici un fait plus remarquable. On voit autour du Chœur de cette Eglise des figures gothiques de pierre qui représentent l'Histoire du nouveau Testament, au bas desquelles, avant les nouvelles réparations de ce Chœur, on lisoit les noms des Sculpteurs qui ont fait ces figures, & auprès on voyoit la statue d'un homme à genoux ayant les mains jointes, & au-dessous étoient gravées ces paroles : *C'est Maistre Jean Ravi qui fut Maçon de Notre-Dame de Paris par l'espace de 26 ans, & commença ces nouvelles Histoires, & Maistre Jean le Bouthellier son neveu les a parfaites l'an* 1351. qui est 71 ans avant que les Anglois fussent maîtres de Paris.

On trouva, en creusant bien avant au milieu du Chœur de cette Eglise pour faire la cave qui sert de sépulture aux Archevêques de Paris, quelques anciens Tombeaux; entr'autres celui d'une Reine d'Angleterre, dont le nom est inconnu. On trouva aussi, en 1711, dans l'épaisseur d'un vieux mur enterré fort avant, neuf pierres de deux à trois pieds en quarré de tout sens, sur lesquelles il y avoit des sculptures grossiérement travaillées, avec des caracteres Romains. On remarqua sur l'une cette Inscription :

Tib. Cæsare

Aug. Jovi optimo
Maximo
Nautæ Parisiaci
Publicè posuerunt.

De la nouvelle Fondation du Chœur de Notre-Dame.

Il est à noter que la fondation du Chœur où sont les pilliers, qui portent les arcades & le mur au pourtour, a 18 pieds de profondeur au-dessous de leurs bases qui sont enterrées six pouces plus bas que le rez-de-chaussée du pavé de cette Église, posées sur la glaize ferme sans pilotis ni platte forme, construites par le haut, au-dessus du rez-de-chaussée avec trois assises de pierre de taille dans tout le pourtour d'une égale hauteur, & faisant retraite les unes sur les autres, posées & taillées proprement; & le surplus au-dessous de gros moellons & mortier de chaux & de sable plus dure que la pierre. Ce qui fait voir évidemment que ce grand Bâtiment n'est pas élevé sur pilotis, quoiqu'il en soit fait mention dans cette ancienne Inscription, qu'on voyoit sur une plaque attachée à côté de la statue colossale de saint Christophe.

Le nouveau fondement du grand Autel a pareille profondeur que celle du pourtour

& contient toute la largeur du Chœur sur six toises de longueur, construit de pierres dures piquées, & posées par assise avec mortier de chaux & de sable jusqu'au rez de chaussée de l'Eglise, & au-dessus deux assises de pierres de taille.

Le 7 Décembre 1699. le Cardinal de Noailles, Archevêque de Paris, revêtu de ses habits pontificaux, accompagné de Messieurs les Doyen & Chanoines & des Officiers de cette Eglise, fit la bénédiction de la premiere pierre de l'Autel qu'il posa, & mit par-dessus une lame d'airain quarré où étoient gravés ces mots :

LOUIS LE GRAND,

Fils de Louis le Juste, & petit-fils d'Henri le Grand,

Après avoir dompté l'héréſie,

Rétabli la vraie Religion dans tout son Royaume,

Terminé glorieusement plusieurs grandes guerres

Par terre & par mer,

Voulant accomplir le vœu du Roi son pere

Et y ajoûter des marques de sa piété,

A fait faire dans l'Eglise Cathédrale de Paris

Un Autel avec ses ornemens d'une magnificence

Au-dessus du premier projet,

Et l'a dédiée au Dieu des Armées Maître de la

Paix & de la victoire,

Sous l'invocation de la Sainte Vierge, Patrone &

Protectrice de ses Etats ;
L'an de [illegible]. S. 1699.

On mit par-dessus cette lame quatre Médailles ; sçavoir une d or pésant un marc un gros, faite par Besnard, représentant d'un côté le Roi Louis XIII. en buste avec cette Inscription autour : *Ludovicus* XIII. *Fr. & Nav. Rex*, & sur le revers est une Notre-Dame de pitié tenant Notre Seigneur sur ses genoux, & le même Roi prosterné à ses piedsqui lui présente son Sceptre & sa Couronne avec ces mots au bas, *Aram vovit* M. D. C. X X X V I I I. & cette Inscription autour : *Se & regnum Deo sub B. Maria tutela consecravit.*

Une autre Médaille d'or pesant un marc, faite par Roussel, représentant d'un côté Louis XIV. en buste, avec cette Inscription autour : *Ludovicus Magnus Rex Christianissimus* ; & sur le revers est représenté l'Autel comme il devoit être, accompagné de quatre colonnes Corinthiennes torses & cannelées, posées en demi cercle, sommées d'un demi baldaquin, avec ces mots *Aram posuit* M. D C. X C I X. & autour *Votum à patre nuncupatum solvit.* ; de plus deux Médailles d'argent représentant les mêmes sujets ; dont l'une de Louis XIII. pesant cinq onces un gros, l'autre de Louis XIV pesant cinq onces.

Les deux Médailles d'or furent posées du côté de l'Evangile, celles d'argent du côté de l'Epitre, sur lesquelles on mit du charbon broyé & par-dessus une plaque de plomb, ensuite un lit de ciment sur lequel on posa la premiere pierre de l'épaisseur d'un pied & demi sur sept de long & trois & demi de large, sur laquelle le Cardinal de Noailles asperssa de l'Eau-Bénite, & après avoir tourné autour, s'en alla avec Messieurs les Chanoines au Chœur où l'on commença les Vépres, & on chanta ensuite les quatre Pseaumes suivans, *Quam dilecta*, *Nisi Dominus*, *Miserere*, & *Fundamenta* avec leurs Antiennes : & pour rendre cette Bénédiction plus solennelle, on sonna toutes les cloches & on bourdonna. Pour en conserver la mémoire, Louis XIV. fit présent à cette Eglise de quatre autres Médailles de la même valeur & du même poids, qui représentent les mêmes choses qui sont en dépos dans son trésor.

Les Curiosités du Chœur.

On ne peut disputer à la Ville de Rome la prérogative d'avoir eû chez elle les plus habiles Maîtres de la Sculpture, de l'Architecture & de la Peinture. L'Europe a vû fleurir dans toutes ses parties les dignes Eleves qu'ils ont faits. C'est à leurs soins qu'on doit les Chef-d'œuvres qui ont embelli la Ville de Paris ; pour en convenir, il ne faut que jetter les yeux sur les piéces rares & curieuses dont ce Chœur est enrichi depuis son rétablissement par les soins des plus célebres Ouvriers de notre siécle, qui l'ont mit dans l'éclat & le lustre dans lesquels on le voit aujourd'hui. Tout y est si réguliérement observé & si finement travaillé, qu'on peut dire que les Ouvriers s'y sont montrés Maîtres de l'Art ; aussi rien n'est plus digne de l'attention des curieux, que ce sacré monument de la piété de nos Rois. Ce Chœur fut commencé en 1699. sur les desseins de Jules-Hardouin *Mansart*, comme il est marqué ci-dessus sur le revers de la Médaille d'or de Louis XIV, mais changé en 1708, & depuis parfaitement exécuté sur les desseins de M *Cotte* le pere, premier Architecte du Roi, & finit sur ceux de M. *Cotte* le fils en 1714 ; il a été redoré depuis aux dépens de Louis XV.

Le Sanctuaire est élevé sur sept marches d'un marbre choisi, avec deux Balustrades en demi rond, séparées dans toute l'étendue du Sanctuaire & du Chœur, dont les appuis sont d'un marbre très-fin d'Egypte &

veiné d'or foutenus par des piliers de bronze doré, portés auffi par un marbre de diverfes couleurs fimétrifées. Cet ouvrage eft de *Tarlay*

Le grand Autel, dont on doit admirer la magnificence, eft conftruit de marbre; le devant, qui eft de bronze doré en or moulu, fait fur le modele de Vaffé le pere & éxécuté par le fils, repréfente Notre Seigneur au tombeau. Les côtés du même Autel font de porphire chargé d'ornemens qui font un effet admirable & des plus riches, & auprès deux Anges de bronze doré, portés par des nuages, en attitude d'adoration, fur des piedeftaux de marbre blanc, tirés d'après les modeles de *Cayot*; & les bas-reliefs qui ornent les gradins entre ces Anges font de *Vaffé*.

Les fix grands Chandeliers d'argent & la Croix, qui font pofés fur fes gradins, font d'un travail admirable & méritent l'attention des Connoiffeurs. Ils ont été faits par *Baslin* Orfévre.

A droite, mais plus enfoncé que l'Autel, on voit la Statue de Louis XIII en marbre blanc fur un piedeftal du même marbre, revêtu de fes habits royaux, profterné, offrant fon Sceptre & fa Couronne, & mettant fon Royaume fous la protection de la Sainte Vierge. Cette merveilleufe piéce est de *Coustoux* le jeune en 1715. De l'autre côté est Louis XIV. à peu près de même attitude, fait par Coisevox en 1715.

L'Autel qui est élevé derriere celle dont nous parlons, est appellé Autel des Féries; il est de marbre blanc chargé de plusieurs ornemens de Sculpture. Le rétable représente le vœu de Louis XIII.

Au-dessus on voit une Descente de Croix & la Sainte Vierge assise aux pieds tenant J. C. son Fils sur ses genoux; cette Vierge est très-estimée des Connoisseurs. A côté sont deux Anges, dont l'un soutient les bras du Seigneur, & l'autre tient la couronne d'épines. Ces excellens morceaux sont de *Constoux* l'aîné en 1723. Ce groupe de marbre est d'une élégance & d'une correction admirable & toute particuliere. On peut dire que cet habile Sculpteur du Roi a employé toute la force de son Art pour soutenir la réputation qu'il s'étoit acquise avec justice.

Il y a plus haut une Gloire sur un ceintre, au milieu de laquelle est un triangle entourée de nuages, de Chérubins & de rayons fort étendus, que la dorure rend très-brillans; & l'un des deux Anges qui sont au-dessus de la niche, tient une suspension d'argent de vermeil doré, où repose le Saint-Sacrement.

aux

Aux pieds des arcades ſont ſix Anges de bronze, de hauteur d'homme, tenant chacun un inſtrument de la Paſſion de Notre Seigneur ; ils ſont de l'invention de *Chavannes*. Ils ſont poſés ſur des cul-de-lampes auſſi de bronze, ornés de feuillages, des Chiffres & des Armes du Roi ; du deſſein de M. *de Vaſſé*.

Les deux qui ſont les plus proches de l'Autel, ont été jettés en fonte par *Vancleve* ; les deux du milieu, dont celui qui tient l'éponge eſt de *Hutrel* ; & l'autre qui tient les clous eſt de *Poirier*. Les deux autres enſuivant, dont l'un porte l'inſcription, & l'autre la lance, ſont de *Magnier*. Ces quatre derniers ont été fondus par *Roger Schabol* de Bruxelles.

Au-deſſus des arcades ſont douze Vertus avec leurs attributs.

A la droite, près de l'Autel.

La Charité & la Perſévérance, par *Poulletiers*.

La Prudence & la Tempérance, par *Fremin*.

L'humilité & l'Innocence, par *le Pautre*.

Du côté gauche.

La Foi & l'Eſpérance, par *le Moine*.

La Justice & la Force, par *Bertrand*.
La Virginité & la pureté, par *Thierry*.

Les autres ornemens consistent en trophées d'Eglise & autres piéces qui accompagnent les piliers & les arcades, revêtus d'un très-beau marbre veiné de rouge & de blanc, qui, avec les dorures qui brillent de toute part, ont été faites par de très-habiles Maîtres.

Au bas des marches du Sanctuaire, on voit un rond de marbre blanc, qui indique le caveau qui renferme les entrailles des Rois Louis XIII. & Louis XIV. Au-dessus est suspendue une Lampadoire d'argent. Ce présent a été fait par défunt M. l'Abbé Petit-pied, Sous-Chantre & Chanoine de cette Eglise.

Au milieu du même Chœur est aussi suspendu un trés-beau Chandelier d'argent à six branches, en forme de Lampe, pesant 320 marcs, ayant cinq pieds de diametre, orné de six Anges tenant divers instrumens de musique, & autant de figures couchées, en feuillages, portant chacun un écusson où sont gravées les Armes du Roi, & contenant aussi l'Histoire de la Sainte Vierge; le tout soutenu de trois aigles suspendus avec trois chaînes fleurdelisées, aboutissantes à une couronne Royale. Ce Chandelier est un très-beau morceau d'Orfévrerie. Ce présent a été fait à cette Eglise le 9 Octobre 1639, par la Reine Anne d'Autriche épouse de Louis XIII. en action de graces d'avoir obtenu de Dieu par l'intercession de la Sainte Vierge, un fils Dauphin, qui naquit le 5 Septembre 1638, & qui a été le Roi LOUIS XIV.

La Boiserie du Chœur.

Les deux Chaires Episcopales sont d'une très-belle forme, ornées de bas-reliefs. Dans la niche du fond de celle où se place M. l'Archevêque, est représenté le martyre de S. Denis premier Evêque de Paris, de S. Rustique Prêtre, & de S. Eleuthere Diacre, qui l'avoient accompagné dans les Gaules.

La Chaire vis-à-vis, qui sert de symétrie, représente la Guérison miraculeuse du Roi Clotaire, par l'intercession de Saint Germain Evêque de Paris en 557. Ces deux belles Piéces sont du dessein de *Vassé*.

Les Stales où se placent les Chanoines sont du dessein de *du Goulon* Sculpteur du Roi : elles sont dignes d'admiration par leur belle structure : tout le lambris est rempli de bas-reliefs, représentant la vie de la Sainte Vierge dans des cadres alternativement quarrées & ovales, accompagnées d'ornemens ; & les pilastres sont ornés des instrumens de la Passion de N. S. & des Armes du Roi, du dessein de *Charpentier.*

Il y a de chaque côté 33 Stales & quelques-unes de moins en bas, où se placent les Officiers du Chœur : celles du côté de l'Archevêché ont été faites par *Louis Marteau*, & celles du côté du Cloître par *Jean Nel.*

Les Cartouches de la Boiserie près la Chaire Episcopale.

Sur un pilastre, dans un petit cartouche, Notre Seigneur qui donne les Clefs à saint Pierre.

1. La Naissance de la sainte Vierge.
2. La Présentation de la sainte Vierge.
3. La Sainte Vierge instruite par Sainte Anne sa mere.
4. Le Mariage de la sainte Vierge avec saint Joseph.
5. L'Annonciation de la sainte Vierge.
6. La Visitation de la Vierge à sainte Elizabeth sa cousine.
7. La Nativité de Notre Seigneur.
8. L'Adoration de Rois.

9. La Circoncision de Notre Seigneur.

10. La Purification de la Sainte Vierge.

11. La fuite de la Sainte Vierge en Egypte.

De l'autre côté en continuant par le bas.

12. La sainte Famille.

13. La sainte Vierge trouvant son Fils dans le Temple au milieu des Docteurs qui leur enseignoit la Loi.

14. Le Miracle des Nôces de Cana ; où Jesus-Christ changea l'eau en vin.

15. La sainte Vierge en contemplation au pied de la Croix.

16. Une Descente de Croix au bas de laquelle la Mere de Dieu paroît dans une grande affliction.

17. La descente du S. Esprit sur les Apôtres.

18. La sainte Vierge monte au Ciel, les Anges sont dans l'admiration de cette merveille.

19. Une femme à genoux en priere, levant les yeux au Ciel & tenant un encensoir à sa main.

20. La prudence, représentée par une femme qui tient un serpent.

21. La modestie ou l'humilité, par une même femme tenant un sceptre mi-

ſtérieux au bout duquel eſt un œil.

22. La douceur, par une femme ayant la tête baiſſée & un agneau couchée auprès d'elle.

Sur le pilaſtre, dans un petit cartouche, ſont les Pelerins d'Emmaüs.

Tous ces cartouches ont été faits par *du Goulon*, *Belleau*, *Taupin*, & *le Goupel*.

Les Grilles qui ſont autour du Chœur & celles des trois portes ſont d'un ouvrage & d'une dorure magnifiques. La Grille de la pricipale porte a été faite par François *Caffin*, celles des deux portes collatérales par *Louis Foudrain*, & celles autour du Chœur, par *Nicolas Parent*, *Jacques Petit* & *Richard*,

Les Amateurs de la Peinture auront de quoi ſe ſatisfaire agréablement en examinant avec attention les Tableaux du Chœur, qui ſont dans des bordures richement ſculptées & dorées, ils ont été donnés par M. l'Abbé *de la Porte*, Chanoine Jubilé de cette Egliſe.

Les Tableaux du Chœur.

1. L'Annonciation de la Vierge, peint par *Hallé* en 1717.

2. La Viſitation de la ſainte Vierge, par *Jouvenet*, en mil ſept cens ſeize.

3. La Nativité de Notre Seigneur, par *de la Fosse* en 1715.

4. L'Adoration des Rois, par le même *de la Fosse* en 1715.

5. La Présentation de Notre Seigneur au Temple, par *Boullongne* en 1715.

6. La fuite de la sainte Vierge en Egypte, par *le même* en 1715.

7. Notre Seigneur dans le Temple au milieu des Docteurs, par Antoine *Coypel* en 1715.

8. L'Assomption de la sainte Vierge, par *le même* en 1715.

L'Aigle qui est au milieu du Chœur a été donné par M. l'Abbé *de la Grange Trianon*, Chanoine de cette Eglise, ainsi qu'il est porté par son Epitaphe, qui est dans une Chapelle de la Nef, où il est inhumé. La forme de cet Ouvrage est triangulaire : les trois Vertus Cardinales sont assises à la base avec leurs attributs. La tige représente à chaque face une Lyre en relief ornée de guirlandes de fleurs. Au-dessus sont des têtes aîlées de Chérubins. Sur cette tige est posé un Globe terrestre, sur lequel les différentes parties du Monde sont aussi décrites en relief ; & au-dessus s'éleve un Aigle déployé, pour soutenir le Livre. Cet Ouvrage est de bronze doré, & a sept pieds & demi de hauteur. L'art & la délicatesse y surpassent la nature. Il est du célébre M. *Duplessis*, Fondeur du Roi ; il l'a exécuté dans le Louvre.

Après avoir donné une idée de la description du Chœur, il est juste de faire connoître à la postérité la reconnoissance de Messieurs les Vénérables Doyen & Chanoines de cette Eglise envers le Roi LOUIS XIV. d'avoir exécuté avec tant de magnificence le vœu de LOUIS XIII. son pere, qui fut accompli un Samedi 21. Avril 1714. Le lendemain fut chanté le *Te Deum* en action de graces, & le jour suivant on célébra Pontificalement une Messe ; & tous les ans à pareille jour il a été fondé une Messe pour la conservation de cet Auguste Monarque, & qui a été convertie après sa mort en un *Obiit* solemnel pour le repos de son ame.

Les Tableaux de la Nef.

La plus grande partie des Tableaux de Notre-Dame sont des présens faits à la sainte Vierge tous les ans, le premier jour de May, par le Corps des Orféves de Paris, & qui ont été faits par de très-habiles Maîtres. Ces présens ont cessé en 1708.

Dans la Croisée du côté de l'Archevêché.

1. Le Vœu de Louis XIII. vis-à-vis la Chapelle de la Vierge, qui est une Notre-Dame de pitié, peint par *Philippe Champagne* en 1638.

2. Le Martyre de saint André dans la Ville de Satras, peint par *le Brun* en 1647.

3. Le Màrtyre de saint Etienne lapidé par les Juifs, il prie le Seigneur de leur pardonner, peint par *le Brun* en 1651.

4. Saint André à genoux devant sa croix, tressaillant de joie à la vûe de son supplice, peint par *Blanchard* le jeune en 1670.

5. Le Martyre de S. Paul dans la Ville de Rome, peint par *Boullongne* en 1657.

6. La femme affligée du flux de sang pendant 12 ans, à qui Jesus-Christ se retournant, dit, votre foi vous a guérie, peint par *Boullongne* le pere en 1706.

7. Saint Paul lapidé à Lystre, Ville de de Lycaonie où il avoit fait plusieurs miracles, peint par *Champagne* le jeune en 1667.

Au-dessus de la Chapelle.

8. Un Vœu représentant une sainte Famille, auprès de laquelle on apperçoit saint Antoine & au-dessus une gloire d'Anges, peint par *Antoine Paillet* en 1684.

On croit que ce Peintre a fait présent de ce Tableau à la place de celui qui n'avoit pas été donné cette année-là.

Aux côtés de la porte de l'Archevêché.

9. La Flagellation de saint Paul & de Sylas, peint par *Testelin* en 1655.

10. Le Naufrage de saint Paul dan l'Isle de Malthe, où les Barbares le reçoivent d'abord avec humanité; mais une vipere l'ayant pris à la main, ils le croyent un meurtrier que la vengeance divine poursuit; saint Paul ayant secoué cette vipere sans qu'il lui arrivât aucun mal, ils le prennent pour un Dieu, par *Charles Poërson* le pere, en 1653.

Vis-à-vis la Chapelle.

11. Saint Pierre guérissant les malades par son ombre dans la Ville de Jérusalem, peint par *Laurent de la Hyre* en 1635.

Dans la Croisée du côté du Cloître.
Vis-à-vis la Chapelle de saint Denis.

1. La Descente du saint-Esprit sur les les Apôtres. Ce Tableau est des plus estimés, par *Jacques Blanchard*, en 1634.

2. Saint Paul, par la force de ses prédi-

cations, fait brûler aux Gentils leurs Livres profanes dans la Ville d'Ephèse, par *Eustache Le Sueur*, en 1649. Ce Tableau est très estimé, & a été gravé par *Etienne Picard*.

3. La Résurrection de la Veuve Tabithe par Saint Pierre, par *Louis Testelin*, en 1652.

4. Le Martyre de Saint Barthelemy, que les Barbares écorchent tout vif, par *Antoine Paillet*, en 1660.

A côté du Cadran.

5. Saint Jacques le majeur, fils de Zébédée & frere de Saint Jean l'Evangéliste, ayant guéri un Paralytique, est conduit au martyre avec celui qui l'avoit accusé, lequel ayant été touché de repentir, confessa qu'il étoit Chrétien, & en chemin il pria Saint Jacques de lui pardonner. L'Apôtre s'arrêta, & lui dit : La paix soit avec vous, & l'embrassa. Par *Noel Coypel* le pere, en 1661.

6. Le premier Sermon de Saint Pierre dans la Ville de Rome, par *Charles Poerson* le pere, en 1642.

7. Saint Paul convertit le Proconsul *Sergius Paulus* à Paphos, & dit à un Juif nommé *Bar-Jesu* : Faux Prophéte, vous

qui voulez empêcher le Proconſul d'embraſſer la Loi de Jeſus-Chriſt, vous allez devenir aveugle. A l'inſtant ſes yeux s'obcurcirent, & chercha quelqu'un pour le conduire, par *Nicolas Loir*, en 1650.

Au deſſus de la Chapelle.

8. Le Parlement aſſemblé pour juger un Procès de conſéquence. Dans le haut on apperçoit une Gloire céleſte, où S. Yves paroît intercédant le Seigneur. C'eſt un vœu de M. le Marquis de *Laumaria*, ancienne Famille de Bretagne, par *Monier*, en 1697.

A côté de la Porte.

9. Le Martyre de Saint Pierre dans la Ville de Rome, par *Le Bourdon*, en 1643. Ce Tableau eſt très-eſtimé.

De l'autre côté.

10. La Converſion de Saint Paul, par *Laurent de la Hyre*, en 1637. gravé par lui-même.

Vis-à-vis la Chapelle.

11. Saint Paul ayant guéri tout-d'un-

coup un homme né boiteux dans la Ville de Lystre, les habitans qui l'écoutent avec grande attention, le prennent pour Mercure, à cause qu'il portoit la parole; & Saint Barnabé qui étoit avec lui, pour Jupiter. Ils amenerent des taureaux ornés de fleurs pour leur sacrifier. Ces deux Apôtres voyant cette idôlâtrie, leur crient: Mes amis, que voulez-vous faire? Nous ne sommes que des hommes comme vous; nous vous annonçons que vous ayez à vous convertir de ces vaines superstitions, au Dieu vivant, qui a fait le ciel & la terre. Par *Michel Corneille* le pere, en 1644. Gravé par *François de Poilly*.

Les Tableaux de la Nef du côté du Cloître, dont les sujets sont tirés de l'Evangile.

1. Notre Seigneur guérit un Paralytique au bord de la piscine, où celui qui entroit le premier après que l'eau avoit été remuée, étoit guéri, par *Bon de Boullongne*, en 1678.

2. Le Centenier prosterné aux pieds de notre Seigneur pour lui demander la guérison de la paralysie de son serviteur, par *Louis de Boullongne le jeune*, en 1686.

3. La Samaritaine convertie par notre Seigneur qui se reposoit auprès d'un puits, à Sicher, Ville de Samarie, par *Louis*

Boullongne le jeune, en 1695.

4. Notre Seigneur entrant dans la Ville de Nazareth, guérit un Paralytique qui lui fut présenté couché dans un lit. La guérison de l'ame est très-bien exprimée dans ce Tableau, par *Jean Jouvenet* le pere, en 1673.

5. Notre Seigneur chasse les Marchands hors du Temple, en leur disant, que la Maison de son Pere est une Maison de prières, & qu'on ne devoit pas la traiter comme une caverne de voleurs. Cette action de zèle est très-bien exprimée dans ce Tableau, par *Claude Hallé*, en 1687.

6. La Vocation de Saint Pierre & de Saint André, qui quittent leurs filets pour suivre notre Seigneur., par *Michel Corneille* l'aîné, en 1672.

7. La multiplication des cinq pains & des deux poissons, pour nourrir cinq mille personnes dans le désert. Ce miracle est très bien représenté dans ce Tableau, par *J. Christophe*, en 1696.

8. Notre Seigneur rend visite à Sainte Marthe; sa sœur Marie est aux pieds du Sauveur qui écoute avec attention sa sainte parole, par *Claude Sympol*, en 1704.

9. Le Roi Hérode ayant donné par complaisance la tête de Saint Jean-Baptiste à Hérodiade fille de la femme de son frere,

qu'il aimoit, on apporte dans un plat la tête du ſaint Précurſeur de Jeſus-Chriſt, qu'on préſente à ce Roi lorſqu'il eſt à table, par *Louis Chéron*, en 1690.

10. La Réſurrection de la fille de Jaïre, à qui notre Seigneur dit : Ma fille, levez-vous, je vous le commande. Auſſi-tôt elle ſe leva, par *Guy de Vernanſal*, en 1689.

De l'autre côté de la Nef, au-deſſus du Roi Philippe le Bel.

1. Notre Seigneur apparoît à S. Pierre, à une des portes de la ville de Rome, dans le tems que cet Apôtre s'en retira. Il dit au Seigneur : Où allez-vous ? Je vais à Rome pour être crucifié encore une ſeconde fois, par *Jerôme de Sourlay*, en 1664.

2. Le martyre de Saint Jean l'Evangéliſte, enlevé pour être jetté dans une chaudiere d'huile bouillante dans la Ville de Rome, par *Claude Hallé* le pere, en 1662.

3. Le Martyre de Saint Simon, en Perſe. Les bourreaux l'etendent ſur un banc pour le ſcier ; l'un d'eux accommode une ſcie, tandis que cet Apôtre léve les mains & les yeux vers le ciel, d'où il enviſage la couronne du martyre, par *Louis Boullongne* le pere, en 1648.

4. Le martyre de Saint Etienne, l'un des ſept Diacres, & le premier Martyre pour la foi de Jeſus-Chriſt. Il eſt entre ſes bourreaux, qui le conduiſent au ſupplice, par *René-Antoine Houaſſe*, en 1675.

5. Le départ du Saint Paul, de l'Egliſe de Milet. Il embraſſe avec zèle les Fidéles avant de s'embarquer, par *Galloche*, en 1705.

6. Saint Pierre gardé dans la priſon, où le Roi Hérode l'avoit fait mettre; & la nuit d'avant le jour où ce Roi avoit réſolu de le faire conduire au ſupplice, comme cet Apôtre enchaîné dormoit entre deux ſoldats, l'Ange du Seigneur paroît pour le délivrer: ce lieu eſt rempli de la lumiere céléſte, par *Jean-Baptiſte Corneille* le jeune, en 1679.

7. Un homme né boiteux qui demandoit l'aumône à la porte du Temple, l'ayant demandée à Saint Pierre & à Saint Jean, le Prince des Apôtres lui dit: Je n'ai ni or ni argent, mais ce que j'ai, je te le donne: Au nom de Jeſus-Chriſt Nazaréen, léve-toi & marche; & fut guéri ſur le champ. Par *Louis Sylveſtre*, en 1703.

8. Les Magiſtrats de Philippe, Ville de Macédoine, ayant fait mettre Saint Paul & Sylas en priſon; lorſqu'ils font leur priére au milieu de la nuit, il ſe fait un grand tremblement de terre, les fonde-

mens de la prison en sont ébranlés, & les portes s'ouvrent, les chaînes se rompent, le Geolier veut se tuer croyant tous les prisonniers sauvés; mais S. Paul lui crie: Ne vous faites point de mal, nous voici tous. On apporte de la lumiere, le Geolier se jette en tremblant aux pieds des Apôtres, demande ce qu'il doit faire pour être sauvé, &c. par *Nicolas de la Platte Montagne*, en 1666.

9. Le Ravissement de Saint Philippe: le saint Diacre va trouver par l'ordre de Dieu à Gaza un Eunuque qui étoit un des premiers Officiers de Candace, Reine d'Etiopie, & Sur-intendant de tous ses trésors, lui annonce Jesus-Christ & le baptise; & après la cérémonie, un Ange transporta saint Philippe dans la Ville d'Azot pour y répandre la semence de l'Evangile, par *Thomas Blanchet* de Lyon, en 1665.

Au-dessous de l'Orgue. Celui du milieu.

1. Saint Barthelemi délivrant la Princesse d'Armenie, fille du Roi de Palemon, qui étoit possedée du démon, par *C. Fr. Vignon* le fils, en 1668.

A la droite.

2. Le Centenier Corneille aux pieds de Saint Pierre, qui lui annonce Jesus-Christ,

ſuivant l'ordre qu'il en avoit reçu de Dieu dans une révélation, par *Aubin Voüet*, en 1639.

3. S. Pierre & S. Jean à la porte du Temple, guériſſant un homme boiteux de naiſſance, par *Georges Lallemand*, en 1630.

De l'autre côté.

4. Saint Pierre puniſſant de mort ſubite Ananie & Zaphire ſa femme pour avoir menti au Saint-Eſprit, par *Aubin Vouet*, en 1632.

5. S. Paul dans l'Aréopage, où il avoit été dénoncé comme Introducteur du nouveau Dieu; il convertit ſaint Denis l'Aréopagite qui étoit Sénateur, & pluſieurs autres Athéniens, par *Jean de Leſtin*, en 1636.

Sous les bas côtés de la Nef, deux Tableaux qui ſont adoſſés contre le mur, ſur la gauche.

1. Les fils d'un Juif, Prince des Prêtres, nommé Scewa, alloient de Ville en Ville exorciſer ceux qui étoient poſſédés du démon, en leur diſant: Nous vous conjurons par Jeſus-Chriſt que Paul prêche. Mais le malin eſprit leur ayant répondu dans une des ces Villes, dit: Je connois Jeſus, & je

ſçais qui eſt Paul ; & leur demanda : Qui êtes-vous ? Auſſi-tôt l'homme poſſédé ſe jetta ſur deux de ces Exorciſtes, & les traita ſi mal, qu'ils furent contraints de fuir de la maiſon tout nuds & bleſſés, par *Matthieu Elie*, en 1702.

A la droite.

2. L'Apparition de notre Seigneur aux ſaintes femmes, par *Marot*, en 1697.

Sous les bas côtés du Chœur, du côté de l'Archevêché.

1. L'Adoration des trois Rois, par *Vivien*, en 1698.

2. La Décolation de ſaint Jean Baptiſte ; ſon corps eſt enlevé par ſes diſciples après que ſa tête eut été enlevée par la fille d'Hérodias en la préſentant au Roi Hérode, de qui elle étoit aimée, par *Audran*, en 1674.

3. Le repentir de ſaint Pierre : notre Seigneur le regardant, il ſe reſſouvint de ce que Jeſus-Chriſt lui avoit prédit, & pleura amérement ſa faute, par *Tavernier*, en 1699.

4. S. Paul défendant ſa cauſe devant le Roi Agrippa & la Reine Bérénice, leur ſouhaite à tous les deux le bonheur d'être

éclairés comme lui des lumiéres de l'Evangile, par *Villequain*, en 1656.

Du côté du Cloître.

5. Le Prophéte Agabus inspiré du Saint-Esprit, prédit à saint Paul ce qu'il doit souffrir pour le nom de Jesus-Christ à Jérusalem, par *Chéron*, en 1688.

6. S. Jean-Baptiste prêchant au peuple dans le désert, par *Parocel* le pere, en 1694. Ce Tableau est estimé des connoisseurs.

6. La résurrection d'*Eutique* par saint Paul dans la Ville de Troade ; il s'étoit endormi sur une fenêtre pendant que cet Apôtre prêchoit, il tomba & mourut de sa chûte, par *Courtin*, en 1707. C'est le dernier Tableau que les Orfévres ont donné.

Au-dessous de ces Tableaux des deux côtés du Chœur, il y a des figures gothiques, qui représentent une partie de l'Histoire du Nouveau Testament. Au-dessous de ces mêmes figures, vis-à-vis la porte rouge par où entrent les Chanoines pour aller à l'Office, on voit une pierre en bas-relief, sur laquelle est la figure d'un homme d'Eglise, orné d'une Dalmatique ; il est à genoux, les mains jointes, le visage tourné vers le Crucifix, avec cette inſcription à côté : *Maître Pierre de Fayel, Chanoine de Paris, a donné* 200 liv. *pour aider a faire ces Hiſtoires, & pour les nouvelles Voiriers qui ſont ſur le Chœur de ceans.*

Des Chapelles de cette Egliſe.

Il y avoit anciennement dans cette Egliſe quarante-cinq Chapelles ; à préſent il n'en reſte plus que trente-trois, depuis que pluſieurs ont été réunies à une, & d'autres ſupprimées dans la croiſée depuis l'embelliſſement de cette Egliſe ; & dans la plus grande partie de ces Chapelles il ſe trouvent de grands Tableaux & un grand nombre de petits qui ſont peints ſur des panneaux encadrés dans des lambris, dont une bonne partie eſt très-eſtimée pour avoir été peinte par de très-habiles Maîtres, & mérite l'attention des connoiſſeurs. On y voit auſſi quelques figures & tombeaux remarquables.

Les deux principales Chapelles de cette Egliſe ont été conſacrées l'une à la Sainte Vierge, & l'autre à Saint Denis premier Evêque de Paris ; elles ſont adoſſées au Jubé & font faces à la Nef, elles méritent trop d'attention pour les mettre en oubli. Leur décoration eſt eſtimée par le bon goût avec lequel le marbre & les dorures y ont été employés. Elles ont été édifiées aux dépens du Cardinal de Noailles Archevêque de Paris, ainsi que deux autres Chapelles qui ont été aussi rétablies par cette Eminence, dont l'une est du côté de l'Archevêché, & l'autre du côté du Cloître : Il a fait aussi rebâtir à neuf en 1726 & 1727, la Voûte qui est au-dessus du Crucifix du milieu de la croisée, & la grande Rose méridionale, au milieu de laquelle on a posé les Armes de ce Cardinal.

1. La Chapelle de la Sainte Vierge ; la Figure qui la représente avec son Fils Jésus est de marbre blanc, faite par *Vassé*.

Devant cette Chapelle sont suspendues sept lampes d'argent soutenues par une très-belle branche aussi d'argent, mais refondue depuis quelques années & augmentée de soixante marcs d'argent aux dépens du Chapitre, pour la renforcer, comme ayant été trouvée trop foible pour soutenir le poids des sept lampes qui y sont attachées, dont six ont été données par le Roi LOUIS XIV. & MARIE-THERESE D'AUTRICHE son Epouse, excepté celle du milieu qui est faite en forme de Navire, pesant vingt marcs, qui est un don de la Ville de Paris, donnée en 1605 par le Président Myron, alors Prévôt des Marchands, à la place du vœu que la Ville de Paris avoit fait à la Sainte Vierge le quatorze Août mil trois cens cinquante-ſept, d'une bougie tous les ans de la longueur du tour de cette Ville, pour cauſe de grand froid, & qui avoit été diſcontinué pendant vingt-cinq à trente ans. Ladite Ville entretient le luminaire des lampes qui brûlent alternativement nuit & jour devant cette Chapelle.

Au bas des marches de cette même Chapelle, il y a un caveau où eſt inhumé le Cardinal de Noailles, mort le 4 Mai 1729. Cette inſcription ſe trouve gravée ſur ſa Tombe, qui eſt de marbre noir.

AD pedes Deiparæ,
Quam ſemper religiosè coluerat,
Hîc jacet,
Ut Teſtamento juſſit,
LUDOVICUS ANTONIUS DE NOAILLES,
S. R. E. Cardinalis, Archiepiſcopus Pariſienſis,
Dux S. Clodoaldi, Par Franciæ,
Regii Ordinis SS. Spiritûs Commendator,
Proviſor Sorbonæ, ac Regiæ Navarræ Superior,
Commiſſi ſibi gregis
Sollicitudine Paſtor, charitate Pater,
Moribus forma;

Domini suæ benè præpositus,
Domûs Domini zelo accensus,
In oratione assiduus in labore indefessus,
In cultû modestus, in victu simplex;
Sibi parcus, in cæteros sanctè prodigus
A teneris ad senium æqualis, idemque
Semper pius, prudens, mitis, pacificus,
Vitam transegit benefaciendo.
Ecclesiam Parisiensem
Annis XXXIV.
Rexit, dilexit, excoluit, ornavit.
Ejus munificentiam homines si taceant,
Hujus Basilicæ lapides clamabunt.
Obiit plenus dierum, omnibus flebilis,
Die Maii 4. Anno Domini 1729.
Ætatis 78.
Viro misericordi
Divinam misericordiam adprecare.

La même en François.

CY gist Messire LOUIS-ANTOINE DE NOAILLES, Cardinal de la sainte Eglise Romaine, Archevêque de Paris, Duc de Saint-Cloud, Pair de France, Commandeur de l'Ordre du Saint-Esprit, Proviseur de Sorbonne & Supérieur de la Maison Royale de Navarre.

Il a voulu, par ſon Teſtament, être inhumé au pied de l'Autel de la Sainte Vierge, à laquelle il a toujours eu une grande dévotion.

Paſteur plein de zéle pour ſon Troupeau, il en fut auſſi le Pere par ſa charité ſans bornes.

Irréprochable dans ſes mœurs, autant qu'aimable dans ſon extérieur, ſa Maiſon fut un exemple de régularité.

Brûlant de zèle pour la Maiſon du Seigneur, aſſidu à la priére, infatigable dans les travaux Apoſtoliques, modeſte dans ſes ameublemens & dans tout ſon extérieur, ſobre dans ſa table, s'accordant à peine le néceſſaire, généreux & ſaintement prodigue envers les autres : il conſerva juſqu'à ſa vieilleſſe le caractère d'égalité qui le rendoit reſpectable, même dans ſa jeuneſſe.

Toujours pieux, prudent, doux, pacifique, il employa ſes jours à faire de bonnes œuvres.

Il a gouverné, aimé, enrichi & orné cette Egliſe pendant l'eſpace de 34 ans.

Si les hommes refuſoient leur témoignage à ſa généroſité, les pierres de ce Temple lui rendroient cette juſtice.

Il mourut chargé d'années, regretté de tous, le 4 Mai 1729, âgé de 78 ans.

Priez Dieu de faire miséricorde à un Prélat, qui n'a cessé d'être miséricordieux envers les Pauvres.

1. Vis-à-vis cette Chapelle, à côté du pillier, est la Figure équestre du Roi Philippe le Bel. Il est à cheval, armé & caparaçonné selon la maniere de son siécle. Il s'est ainsi présenté, après avoir gagné la fameuse bataille de Mons en Puelle sur les Flamands qui s'étoient révoltés contre lui, où ce Roi courut grand risque de sa vie. Ce fut le 18 Août 1304. Et tous les ans, à pareil jour, on en fait la mémoire dans cette Eglise.

2. La Chapelle de Saint Denis, faisant parallèle à celle de la Sainte Vierge, a été construite dans le même goût. La Figure qui représente Saint Denis est de marbre blanc, faite par *Coustoux* l'ainé. C'est sur cet Autel que les Docteurs de Sorbonne, aussi-tôt qu'ils ont reçu le Bonnet Doctoral, vont prêter serment de défendre la la foi Catholique, jusqu'à l'effusion de leur sang.

A la droite en entrant dans cette Eglise.

3. La Chapelle de Sainte Anne. Elle doit une partie de son embellissement à la Reine Anne d'Autriche, & l'autre partie

au Corps des Orfévres, qui y ont eu leur Confrérie de sainte Anne & de saint Marcel jusqu'en l'an 1708. Le Tableau de l'Autel représente sainte Anne & la Sainte Vierge sa Fille devant le Temple, peint par *Simon Voüet*. La vie de la Sainte Vierge a été peinte dans les panneaux par *Vignon* & *Lallemand*.

4. La Chapelle de saint Barthelemi, qui est celle des Chapelains, où tous les Vendredis & Samedis à sept heures du matin, se dit une Messe basse pendant qu'on psalmodie les Vigiles des Morts. Le Tableau de l'Autel représente le martyre de saint Barthelemy, que les bourreaux écorchent tout vif. C'est un des plus beaux de tous ceux que *Baugin* a peints. Le grand Tableau vis-à-vis représente Notre Seigneur prêchant sur la Montagne, annonçant au peuple la vérité de la Religion, par *Poërson* le fils, en 1683. Cette Chapelle a été nouvellement ornée avec beaucoup de goût. Les panneaux du fond du lambris représente l'Histoire de la Sainte Vierge; & dans les autres panneaux à côté, differentes vûes de Notre-Dame. Tous ces petits Tableaux sont d'un beau coloris, très-bien peints & très-estimés des connoisseurs. On peut dire avec vérité que la vuë est très-satisfaite en les regardant.

5. La Chapelle de saint Jacques & de saint Philippe. Le Tableau de l'Autel représente un Crucifix, peint par *Lenain.*

Le grand Tableau vis-à-vis représente la femme accusée d'adultère devant Notre Seigneur, qui avec son doigt écrit sur la terre: Que celui d'entre vous qui est sans péché lui jette la premiere pierre. Et le Seigneur renvoya cette femme, en lui disant de ne plus pécher, par *Renaut*, en 1701.

6. La Chapelle de saint Antoine. Le Tableau de l'Autel représente saint Michel à genoux devant la Sainte Vierge, par *Philippe Champagne.*

Le grand Tableau vis-à-vis, la résurrection du fils de la Veuve de Naïm par Notre Seigneur, par *Guillebaut*, en 1691.

7. La Chapelle de saint Thomas de Cantorberi. Le Tableau de l'Autel représente la Sainte Vierge tenant son Fils Jesus; elle présente un Rosaire à saint Thomas de Cantorbery & à saint Dominique, par *Lenain.*

Le grand Tableau vis-à-vis représente la mort de Tabithe dans la Ville de Joppé, qui fut ressuscitée par saint Pierre, qui après avoir fait sa priere, lui dit: Tabithe, levez-vous; & elle se leva dans le moment. Par *Dudot*, en 1639.

8. La Chapelle de ſaint Auguſtin, qui fait à préſent partie de la Sacriſtie des Meſſes. Le Tableau de l'Autel repréſente une Nativité.

Le grand Tableau vis-à-vis repréſente Notre Seigneur guériſſant pluſieurs malades, par *Alexandre*, en 1692.

9. La Chapelle de ſainte Marie-Magdeleine, qui fait l'autre partie de la Sacriſtie des Meſſes : il s'y trouve un grand Tableau peint par *Lemoine*, en 1630. C'eſt la repréſentation de l'ancienne Chapelle de la Sainte Vierge, & de deux miracles arrivés par ſon interceſſion, l'un le premier Mai 1625, envers une fille de Nogent-le-Rotrou, qui étoit percluſe de tous ſes membres ; & l'autre le ſeize Juillet 1628, ſur *Jean Decarriére* de la Ville de Meaux, affligé d'une maladie qui lui avoit ulcéré les jambes, dont il fut guéri miraculeuſement.

Le grand Tableau vis-à-vis repréſente Notre Seigneur apparoiſſant aux Apôtres, & à S. Thomas, qu'il guérit de ſon incrédulité en lui faiſant mettre ſon doigt dans ſes plaies, par *Arnault*, en 1693.

10. La Chapelle de ſaint Aignan. Le Tableau de l'Autel repréſente une Deſcente de croix, elle eſt dans le fond de la croiſée du côté de l'Archevêché.

Autour du Chœur.

11. La Chapelle de saint Pierre & saint Paul. Le Tableau de l'autel représente ces deux Apôtres.

12. La Chapelle de S. Pierre le Martyre ; sa vie est peinte sur les panneaux du lambris de cette même Chapelle. Le Tableau de l'autel est le trépas de la Sainte Vierge, peint par *Lepoussin*, ainsi que le devant de l'autel, avant son dernier voyage de Rome en 1623. Cet Ouvrage ne laisse pas d'être très-estimé, quoiqu'il ne soit pas de la plus grande force de cette habile Peintre François ; mais il a toujours été un beau prélude de sa maniére de peindre, ce qui l'a fort distingué d'entre les Peintres de son tems.

13. La Chapelle de saint Denis & de S. Georges. Le Tableau de l'autel représente une Notre-Dame de pitié. Dans cette même Chapelle, il y a deux Figures de pierre, élevées sur des colomnes ; l'une est Denis du Moulin, quatre-vingt-dix-septiéme Evêque de Paris, Patriarche d'Antioche, Cardinal, ci-devant Archevêque de Toulouse, & l'un des principaux Conseillers du Roi Charles VII. Il étoit originaire de la Ville de Meaux. Il mourut le 15 Septembre 1441 ; ses armes sont

peintes au haut de la voûte. L'autre Figure est saint Denis son Patron.

14. La Chapelle de saint Gerand. Le Tableau de l'autel représente la Sainte Vierge tenant son Fils Jesus; saint Gerand, Baron d'Aurillac, est derriere elle.

15. La Chapelle de saint Remy *dite des Ursins*, qui fut concédée par le Chapitre de cette Eglise à Jean Juvenal des Ursins, Baron de Trênel; en considération de son zèle pour le bien public, & de sa fidélité envers son Roi. Le Tableau de l'autel représente saint Claude, Archevêque de Besançon. Le tombeau qui est à côté est de marbre noir, élevé d'environ deux pieds, sur lequel est à genoux un homme vêtu de sa Cotte d'Arme: & derriere lui, une femme aussi à genoux, tous les deux habillés suivant la mode de leur tems, c'est Jean Juvenal *des Ursins*, Baron de Trênel, mort en 1431, & Michelle Vitry son Epouse, morte en 1456.

Au-dessus de ce Tombeau est attaché, contre le mur un Tableau antique, peint sur bois, de onze pieds de long sur cinq pieds de haut: il est très-estimé des connoisseurs; sur lequel on a peint ce Seigneur, son Epouse & onze de leurs enfans, qui sont, 1. Jean Juvenal *des Ursins*, Evêque & Comte de Beauvais, Duc de

Laon, Comte d'Anesi, & Avocat Général au Parlement.

2 Juvenal *des Ursins*, Chevalier Conseiller du Roi, & Nicolle Michelle son Epouse.

3. Louis Juvenal *des Ursins*, Conseiller, Chambellan du Roi & Bailly de Troyes.

4. Jeanne Juvenal *des Ursins*, Epouse de Pierre de Chelles, Chevalier, & en secondes noces de Guichard, Chevalier, Seigneur de Boissy.

5. Eudes Juvenal *des Ursins*, Epouse de Denis des Marêts, Chevalier, Seigneur de Douvres

6. Denis Juvenal *des Ursins*, Chevalier, Echanson de Louis Dauphin de Vienne, Comte de Guyenne.

7. Sœur Juvenal *des Ursins*, Religieuse à Poissy.

8 Guillaume Juvenal *des Ursins*, Chevalier, Seigneur Baron de Trênel, Conseiller du Roi, Bailly de Sens, & Chancelier de France.

9. Pierre Juvenal *des Ursins*, Chevalier.

10. Michel Juvenal *des Ursins*, Seigneur de la Chapelle-Gautier.

11. Jacques Juvenal *des Ursins*, Archevêque, Duc de Rheims, premier Pair de France, Chevalier de l'Ordre du Saint-

Esprit, & Président de la Chambre des Comtes.

Cette Maison est confondue par substitution avec celle de Harville, par le mariage de Catherine des Ursins, fille de Christophe, Marquis de Trênel, Chevalier des ordres du Roi, & Gouverneur de Paris, avec Claude de Harville, aussi Chevalier des ordres du Roi. Esprit Juvenal de Harville *des Ursins* fut inhumé dans cette Chapelle en 1726; & à la supplication de Marie-Magdeleine le Blanc son épouse, les Vénérables Doyen & Chanoines de cette Eglise lui ont accordé que Claude le Blanc son Pere, Secretaire d'Etat & Ministre de la Guerre, seroit inhumé dans cette même Chapelle, ainsi qu'il est marqué par leur Epitaphe, gravée sur un marbre blanc, attachée sur un des piliers de ladite Chapelle.

IN hoc avito Ursinorum Sacello
Reconditum est corpus
Spiritûs Juvenalis de Harville des Ursins,
Marchionis de Trênel;
Qui bellica virtute insignis fuit,
Et Equitum Prætorianorum Legatus alter
Legatique primarii locum tenens;

Obiit anno 1710, decima die Novembris.

Hic etiam quiescunt cineres
Spiritûs Juvenalis de Harville des Ursins,
Marchio de Trênel,
Quem Regni moderator Philippus,
Suæ Draconum turmæ præfecit,
Florentem in media juventutis spe,
Invida mors
Uxori, liberis, Regno erepuit,
Anno ætatis 28. Salute 1726. die
11 Julii.
Maria Magd. Petit de Passy, mulier
Rari exempli, propè pii generi cineres
Sepulta est
Anno 1727, 13 Aprilis; vixit annos 58.
Tenero dilectissimo, & uxori piissimæ diù
Superstes non fuit
Claudius le Blanc,
Regi à Sanctoribus consiliis,
Et rei bellicæ Administer,
Vir privatim & publicæ clarus,
Qui non sibi, sed patriæ vixit.
Agressa est virum fortuna,
Probavit, non vicit;
Celer fuit ingenio, ore suavis,
Aditu facilis, civis; pater, amicus

Optimus, militum patronus,
Omnium amor & delicium.
Obiit anno 1728. die Maii 19.
Vixit annos 59. Quos virtus,
Pietas, Religio, dum viverent,
Conjunxerunt, variis post obitum
Distrahi tumulis noluit hujusce
Urbis & regni primariæ Basilicæ
Unanimis Canonicorum consessus:
Hunc titulum
Marito amantissimo, colendissimis
Ac dilectissimis parentibus Ludovica
Magdalena le Blanc, Marchionissa
De Trênel, ipsa mœrens lugensque posuit:
Dumque nullis ærumnis augeri posse
Existimabat, en heu
Infans dulcimus Simon Maria
Tristanus des Ursins,
Comes de Harville, in quo spes,
E sinu ejus ereptus est
Die 4 Julii, anno 1728.
Mense 18.

La même en François.

DAns cette Chapelle héréditaire des Ursins, est conservé le corps D'ESPRIT JUVENAL *des Ursins*, Marquis de

Trênel, lequel s'est rendu recommandable par sa valeur dans la guerre.

Il fut Lieutenant Général des Armées du Roi.

Il décéda le 10 Novembre 1720.

ICI REPOSENT AUSSI:

Esprit Juvenal de Harville *des Ursins*, Marquis de Trênel, que Philippe d'Orleans, Régent du Royaume, honora de la Charge de Mestre de Camp du Régiment de ses Dragons.

La mort l'enleva à son Epouse, à ses Enfans & à ce Royaume dans la fleur de sa jeunesse, âgé seulement de 28 ans, le 11 Juillet de l'an 1726.

Marie-Magdeleine Petit de Passy sa Belle-mere, femme d'un rare mérite, est enterrée auprès de son Gendre.

Elle mourut âgée de 58 ans, le treize Avril 1727.

Claude le Blanc son Beau-pere, Ministre & Secrétaire d'Etat au Département de la Guerre, ne survêquit pas long-tems à son Gendre & à son Epouse.

Il étoit également recommandable par ses mœurs & par sa sagacité dans les grandes affaires dont il étoit chargé.

Il consacra sa vie au service de sa Patrie, au mépris de ses propres intérêts.

La fortune lui fut contraire, mais elle n'abattit jamais son courage.

Il avoit l'esprit vif, l'extérieur doux, l'abord facile.

Il étoit bon Citoyen, bon Pere, & excellent Ami.

Il fut le Protecteur des Gens de guerre, l'amour & les délices de tout le monde.

Il mourut le dix-neuf Mai 1728, âgé de 59 ans.

Le Chapitre de cette Cathédrale a voulu que le même tombeau renfermât ceux que la Religion & la piété avoient unis pendant leur vie.

Magdeleine le Blanc, dans l'excès de sa douleur, a fait ériger ce Monument aux cendres de son cher Epoux & de ses illustres Parens.

Et dans les tems qu'elle pensoit avoir atteint le terme de ses malheurs, la mort enleva de son sein, Simon-Marie Tristan des Ursins, Comte de Harville, son fils & son unique espérance.

Il mourut le 4 Juillet l'an 1728, âgé de 18 mois.

16. La Chapelle de saint Pierre & de saint Michel, que les Vénérables Doyen & Chanoines de cette Eglise ont concédée à M. l'Abbé d'Harcourt, Chevalier, Com-

mandeur de l'Ordre du Saint-Esprit, & Chanoine Honoraire de ladite Eglise, pour servir de sépulture à son illustre Maison. Cette Chapelle a été rétablie à ses dépens. Elle est ornée de panneaux & lambris de marbre très-choisi, accompagnés d'ornemens de bronze d'orée, mais sans confusion, quoique très-noble dans sa construction. On lit dans un des panneaux de marbre blanc à côté de l'autel, cette inscription Françoise :

Par Délibération & Acte Capitulaire du 9 Mars 1746, le Chapitre de l'Eglise de Paris a accordé cette Chapelle à la Maison d'Harcourt pour lui servir de sepulture ; & en conséquence ont été inhumés le 16 Mars 1748, François Marquis d'Harcourt, qui n'étant encore âgé que de 19 ans 5 mois 10 jours, étoit déja Mestre de Camp du Régiment d'Harcourt, Cavalerie, & reçu en survivance de la Charge de Capitaine des Gardes du Corps du Roy, dont étoit revêtu le Maréchal Duc d'Harcourt son pere.

Le 12 Juillet 1750, François Duc d'Harcourt, Pair & Maréchal de France, Chevalier des Ordres du Roi, Capitaine des Gardes du Corps de Sa Majesté, & Gouverneur de Sedan. Il étoit âgé de 60 ans.

Le 28 Septembre de la même année

1750, Louis-Abraham d'Harcourt, Chanoine & ancien Doyen de l'Eglise de Paris, Docteur en Théologie, Commandeur des Ordres du Roi, Duc & Pair de France, Abbé Commandataire de Notre-Dame de Signy & de Saint-Taurin d'Evreux. Il étoit âgé de 56 ans.

Le 16 Décembre de la même année, Marie-Anne Brulard de Genlis, veuve de Henry Duc d'Harcourt, Pair & Maréchal de France, Chevalier des Ordres du Roi, Capitaine des Gardes du Corps de Sa Majesté, Général de ses Armées, Gouverneur de Tournay, & Ambassadeur extraordinaire à la Cour d'Espagne. Elle étoit âgée de 82 ans.

Le 26 du même mois de Décembre 1750, Claude-Louise d'Harcourt, veuve de Gabriel-René-Sire de Maillot, ancien Baron de Normandie, âgée de 54 ans, laquelle avec l'agrément des Vénérables Doyen & Chanoines de l'Eglise de Paris, a fondé à perpétuité un Service pour le repos de son ame & de celles du Maréchal d'Harcourt & son Epouse ses pere & mere, & de celles du Maréchal & de l'Abbé d'Harcourt ses freres, auprès desquels son Corps est inhumé.

Le Vitrage de cette Chapelle est remarquable tant par la beauté de la peinture qui y est employée, que par le verre, dont les couleurs sont très-vives & par les sujets qu'il représente. On voit au haut de ce vitrage, le Paradis avec toute la Cour céleste ; & au bas les Papes, Empereurs, Rois, Reines, Légats, Cardinaux, Archevêques, Evêques, Religieux, Religieuses, & autres personnes de tout Etat, qui tous aspirent à cette divine Cour ; & au-dessus, dans un panneau du vitrage, on lit ces mots :

Ardens effusio animæ cœlestem
Patriam desiderantis.

Quando erit illa dies pretiosâ
morte solutus
Quâ fruor ore Dei ? Quando erit illa dies ?

Responsio Christi.

Disce mori, ut docui, si vis quod poscis habere.
Disce, velut docui vivere, disce mori,
Tunc erit illa dies votorum plena tuorum,
Sic bene viventi, venerit illa dies.

EN FRANÇOIS.

Soupirs ardens de l'Ame qui desire de voir
sa céleste Patrie.

Quand viendra ce jour, où dégagé des

liens de ce corps par une mort précieuse, je jouirai de la présence de Dieu? Quand viendra cet heureux jour?

Réponse de Jesus-Christ.

Apprenez à mourir comme je l'ai enseigné, si vous voulez obtenir ce que vous demandez. Apprenez à vivre, apprenez à mourir comme je l'ai enseigné, alors luira pour vous ce jour qui mettra le comble à vos vœux. C'est ainsi que ce jour arrivera pour quiconque vit bien.

17. Les Chapelles de saint Jacques, de saint Crêpin, & de saint Etienne : ces trois Chapelles n'en font qu'une à présent, dans lesquelles se tient la Confrérie des Cordonniers, sous le bon plaisir de Messieurs du Chapitre de cette Eglise. Le Tableau de l'autel du milieu est un Crucifix. Aux deux autres autels, la Résurrection & l'Ascension de Notre Seigneur, peint par *Beaugin*. A la droite est un grand Tableau qui représente la séparation de saint Paul & de saint Barnabé dans la Ville d'Antioche, par *Ballin*, en 1676

L'autre qui est vis-à-vis représente saint Pierre donnant le baptême au Centenier Corneille, par *Corneille* le pere, en 1658.

Les Cordonniers ont fait une dépense

considérable pour embellir ces trois Chapelles ; & le jour de saint Crêpin & saint Crêpinien leurs Patrons, ils font tendre quatre belles piéces de Tapisseries qui représentent le martyre de ces deux Saints.

18. La Chapelle de saint Nicaise, dans laquelle se trouve un Tombeau de marbre blanc & noir, élevé environ de trois pieds, sur lequel est couchée une figure d'Evêque en marbre blanc, représentant Simon de Matifas de Bussy, quatre-vingtiéme Evêque de Paris, mort le 23 Juin 1304. On voit aussi en dehors de cette Chapelle sa Statue de pierre, élevée sur deux piliers qui supportent une pierre sur laquelle on lit ces mots :

Cy est l'Image de bonne mémoire, Simon de Matufas, Evêque de Bussy, & jadis Evêque de Paris ; par qui furent fondées premiérement ces trois Chapelles où il gist, en l'an 1304.

Ces trois susdites Chapelles sont, saint Nicaise, saint Rigobert, & saint Louis. Cet Evêque a fait plusieurs autres dons considerables à cette Eglise. Au-dessus de ce Tombeau est un grand Tableau peint sur bois par *de Hery* ; il représente le Jugement universel.

19. Les Chapelles de saint Rigobert & de saint Louis, qui faisoient partie de

celle de ſaint Nicaiſe, n'en font qu'une à préſent, depuis que le Chapitre de cette Cathédrale les a concédées le dix Mai 1602, au Cardinal Pierre de Gondy, cent ſeptiéme Evêque de Paris, pour ſervir de ſépulture à cette illuſtre Maiſon. Les deux tombeaux qui ſont dans cette Chapelle ſont élevés chacun ſur quatre colomnes de marbre noir qui ſupportent un entablement ſur lequel ſont repréſentées à genoux deux Figures d'hommes en marbre blanc, ayant les mains jointes & priant Dieu, au-deſſous deſquelles ſont leurs Tombeaux en forme de Cuves couronnées d'Urnes à l'antique. A la droite eſt celui d'Albert de Gondy, Duc de Reſt, Pair & Maréchal de France, Général des Galeres, mort eu mil ſix cens deux; & l'autre qui eſt à la gauche, repréſente Pierre de Gondy ſon frere, Cardinal & Evêque de Paris, mort en 1616 Leurs Epitaphes ſont gravées ſur les flancs des Cuves. Cette Chapelle eſt ornée de panneaux & lambris en peintures & dorures, repréſentant les armes, deviſes & inſcription de cette illuſtre Maiſon.

Le Tableau de l'autel eſt ſingulier; c'eſt un Crucifix d'après *Michel Ange*; le Cardinal de Gondy eſt auprès; la Sainte Vierge qui eſt de l'autre côté a un air aſſuré, pendant que les Anges qui ſont au-deſſus verſent des larmes ; c'eſt une idée particuliére de ce fameux Peintre, pour exprimer d'un côté la foi & la conſtance de la Mere de Dieu ; & de l'autre côté, l'intérêt que le Ciel prend au Déicide commis par les Juifs en la perſonne de Jeſus-Chriſt. L'original de ce Tableau eſt dans le Cabinet du Grand Duc de Florence. On voit au bas du marchepied de l'Autel une petite Tombe de marbre noir, avec une inſcription au-deſſus, dans lequel Tombeau ſont les entrailles de François de Harlay, Archevêque de Paris, Duc & Pair de France.

Vis-à-vis cette Chapelle eſt une niche ornée de ſculptures & dorures ; elle ſe trouve adoſſée derriere l'Autel des Féries : c'eſt le lieu où eſt expoſé à la vénération des Fidèles, la Châſſe de ſaint Marcel, Evêque de Paris : cette Châſſe eſt de vermeil doré, faite en forme d'Egliſe avec deux bas côtés ; elle eſt couverte de fleur-de-lis cizelées d'applique, dans des compartimens à lozange, dont les enfoncemens ſont de lames d'or enrichis tout autour de pluſieurs figures d'or, repréſentant la vie du Saint ; le vîtrage eſt d'or émaillé, avec un grand nombre de toutes ſortes de pierres précieuſes.

Tous les ans le jour de l'Aſcenſion,

cette Châsse est portée en grande cérémonie par le Corps des Marchands Orfévres de Paris, accompagnés du Chapitres de cette Eglise & de ses quatre Filles, tous revêtus de Chapes, & de Monseigneur l'Archevêque de Paris, revêtu de ses habits Pontificaux, assisté aussi de ses quatre Filles. A cette Procession générale, qui se fait tous les ans à pareil jour, se trouve un grand concours de peuple dont la plus grande partie est attirée par la dévotion, & l'autre partie est attirée par la curiosité de voir cette célébre cérémonie.

20. La Chapelle de la Décolation de saint Jean-Baptiste. Cette Chapelle a été décorée en 1728, avec beaucoup de goût. La Figure de la Sainte Vierge qui est sur l'autel est d'albâtre, pour qui a été fait le retable qui est estimé des connoisseurs. On estime aussi un Tableau peint sur bois par *G. Hurel*, il est encâdré dans la boiserie; il représente l'Assomption de la Sainte Vierge.

21. Les Chapelles de saint Eutrope & de sainte Foy. Ces deux Chapelles n'en font qu'une depuis que Messieurs les Vénérables Doyen & Chanoines de cette Eglise les ont concédées à Charles-Gaspard-Guillaume de Vintimille du Luc des

Comtes de Marſeilles, Duc de S. Cloud, Pair de France, Chevalier Commandeur de l'Ordre du Saint-Eſprit, & Archevêque de Paris, pour ſervir de ſépulture à ſon illuſtre Famille : Il fut inhumé dans le Chœur le 13 Mars 1746. Cet illuſtre Prélat l'a fait rétablir & orner avec beaucoup de goût à ſes dépens. On peut dire que l'or y brille de toutes parts. Les panneaux & lambris qui ſont autour du dedans de cette Chapelle ſont aſſez bien décorés. Le Tableau de l'autel repréſente ſaint Charles Boromée, Cardinal, qui communie les peſtiférés, peint par *Charles Wanlöo.* Le grand Tableau vis-à-vis repréſente ſaint Pierre en priſon, dans le moment que l'Ange du Seigneur le délivre de ſes chaînes, peint par *Vouet* le pere, en 1640.

22. Les Chapelles de ſaint Martin, de ſainte Anne, de ſaint Michel n'en ſont plus qu'une, depuis que Meſſieurs les Vénérables Doyen & Chanoines de cette Egliſe les ont concédées à Louis-Antoine de Noailles, Duc de Saint-Cloud, Pair de France, Chevalier Commandeur de l'Ordre du Saint-Eſprit & Archevêque de Paris, en conſidération des dépenſes que cet illuſtre Prélat a fait à cette Egliſe, & lui ont accordé le droit de ſépulture pour tous ceux de ſon illuſtre Maiſon, comme un

monument perpétuel de l'estime particuliére qu'ils ont toujours eu pour ses rares qualités vraiment pastorales, qui ont justement attiré à cet Archevêque la vénération de tout le Royaume.

Le rétablissement de cette Chapelle a été fait aux dépens de cet illustre Cardinal, sous la conduite de M. *de Beaufront*, Architecte du Roi, sous l'invocation de saint Louis Roi de France, & de saint Maurice. La grand Tableau qui est au-dessus de l'autel est une Assomption de la Sainte Vierge, sculpté en bas-relief par *Frémin*, & appliqué sur un marbre jaspé. L'or y est prodigué par-tout, même sur les nuages qui se confondent avec les Anges & les Chérubins, ce qui fait un effet admirable. Le bas-relief qui est au-dessous représente Notre Seigneur qui donne les clefs à saint Pierre. Aux deux côtés de cet autel sont deux figures de marbre blanc en rond-de-bosses, de grandeur naturelle, élevées & posées sur des piedestaux aussi de marbre, dont l'une représente saint Louis Roi de France, & l'autre saint Maurice. Ces trois morceaux ont eté exécutés par *Bousseau*. Le lambris & les panneaux qui font le pourtour de cette Chapelle, sont de marbre choisi de différentes couleurs. On voit sur la corniche de ce lambris, entre les deux croisées, une Urne de porphire, qui renferme le cœur de cette Eminence; & au-dessous dans un grand panneau, le Chapitre de Notre-Dame a fait graver une inscription latine, en mémoire des grands biens que cet illustre Archevêque a fait à cette Eglise.

Inscription Latine.

EMinentissimo & Reverendissimo
LUDOVICO-ANTONIO DE NOAILLES,
S. R. E. Cardinali, Parisiensi Episcopo,
Duci S. Clodoaldi, Pari Franciæ, Regii
Ordinis S. Spiritûs Commendat. &c.
Ob resarcitas & insigniter decoratas
Complures hujus Ædis partes;
Caduca multis locis hæc Basilica
Graviores in posterum ruinas minabatur,
Necessarios tanto operi sumptus in se
Unum recipere voluit piè magnificus
Pontifex,
Nec satis habuit instaurare sacra
Tecta Templi,
Atque infirma & laborantia fulcire,
Nisi insuper
Carissimam sibi sponsam, alienus
Ipse ab omni
Fastu eleganter adornaret;

Sic

Sic autem Divinæ Domûs decori
Consuluit, ut inde
Nihil detrimenti viva Christi Templa
Caperent,
Cui munificentiæ non magis ex
Annuis reditibus,
Quàm ex uberi modestiæ, & frugalitatis
Fundo suffecit,
Locandæ decentiùs Marcelli
Capsæ,
Ædiculum ponè Sanctuarium
Condidit
Duplicem ambonem, & applicata
Utrique
Altaria excitavit.
Cameram decussatam, sub minori
Campanili
Fastiscentem demolitus, Novam construxit.
Templum interius, deterso veteri
Situ, pristino
Nitori restituit;
Plumbeum tectum vetustate detritum
Instauravit,
Effictam in modum rosæ majorem
Fenestram
Quæ spectat ad meridiem, refecit;
Sacellum hoc humandis gentilium
Suorum

Nepotibus assignatum, decoravit.
Capitulum Parisiense grati erga
Optimum Patrem & sanctissimum
Præsulem animi monumentum
Posuit,
An. R. S. M.DCC. XXVII.

La même Inscription en François.

A l'Eminentissime & Révérendissime LOUIS-ANTOINE DE NOAILLES, Cardinal de la Sainte Eglise Romaine, Archevêque de Paris, Duc de S. Cloud, Pair de France, Commandeur de l'Ordre du Saint-Esprit, &c.

Ce pieux & généreux Prélat a fait réparer à ses dépens, & orner magnifiquement plusieurs endroits de cette Eglise, qui tomboient en ruine.

Ennemi de tout faste auquel il avoit renoncé, il se fit un devoir de contribuer à ce qui pouvoit servir d'ornement à cette Eglise, qu'il chérissoit comme son épouse, & fit ensorte par la solidité des ouvrages qu'il y a fait construire, que les Temples vivans de Jesus-Christ n'y courussent aucun risque.

Il épargna sur ses revenus, & se réduisit à une extrême frugalité, pour subvenir à cette dépense immense.

Il a fait placer décemment la Châsse de saint Marcel derriere le Sanctuaire.

Il a fait construire les deux Jubés & les deux magnifiques Autels qui y sont appliqués.

Il a fait démolir la Voûte de dessous le petit Clocher, qui menaçoit ruine ; & l'a fait rebâtir à neuf.

Il a fait blanchir l'intérieur de cette Eglise, que le temps avoit rendue fort sale.

Il a fait rétablir les Plombs qui couvrent le Toît, qui étoient déperis par la vétusté.

Il a fait refaire à neuf la grande Rose du côté du midi.

Il a fait orner cette Chapelle, pour servir de sépulture à sa Famille.

Le Chapitre de l'Eglise de Paris, dont il étoit le Pere par sa bonté & sa générosité, lui a consacré ce Monument, l'an de Notre Seigneur J. C. M. DCC. XXVII.

L'autre grand panneau de marbre blanc qui est de l'autre côté, est réservé pour y graver l'Epitaphe d'Anne-Jules Duc de Noailles, Maréchal de France, premier Capitaine des Gardes du Corps du Roi, Gouverneur de Roussillon, & Viceroi de Catalogne. La sagesse de sa conduite dans ſes Emplois dont il a été chargé, & ſa grande probité lui avoient acquiſes la confiance du Roi Louis XIV. Cet Auguſte Monarque, pour le récompenſer des grands ſervices qu'il a rendus à l'Etat, le fit Chevalier Commandeur de l'Ordre du Saint-Eſprit en 1688, & Maréchal de France en 1695. Il avoit épouſé en 1671, Marie-Françoiſe de Bournonville, & décéda le 2 Octobre 1708, âgé de 50 ans. Le Maréchal de Noailles, neveu du Cardinal, fait faire un grand Tableau avec ſa riche bordure qui repréſentera le Jugement univerſel, peint par *M. Natoir.* Il doit être poſé vis-à-vis celui de l'Autel.

23. La Chapelle de Saint Féréol & de ſaint Ferrurtien, fondée en 1320 par Hugues de Beſançon, Chantre & Chanoine de cette Egliſe; & depuis décorée, avec beaucoup de magnificence, par Michel le Maſle, Prieur, Chantre & Chanoine de cette même Egliſe, & Secrétaire des Commandemens du Cardinal Duc de Richelieu. Il a fait peindre par *Philippe de Champagne*, les panneaux du lambris, dont les ſujets ſont tirés de l'ancien & du nouveau Teſtament. On voit dans cette même Chapelle la Tombe de Pierre de l'Eſcot, Abbé de Cluny & Chanoine de Notre-Dame, décédé en 1578, âgé de 68 ans.

Il a excellé dans l'Art de l'Architecture sous les quatre derniers Rois de la Race des Valois. Une partie du Louvre a été bâtie sur ses desseins.

Le Tableau de l'Autel, est saint Michel qui terrasse le Démon, peint par *Lallemant*.

Le grand Tableau vis-à-vis, l'Annonciation de la Sainte Vierge.

24. La Chapelle de saint Jean-Baptiste & de la Magdeleine. Le Tableau de l'autel représente Notre Seigneur au Jardin des Olives, conforté par un Ange dans son agonie. Dans les panneaux, Saint Yves a peint, les Quatre Fins de l'homme, le Repentir & la Pénitence de saint Pierre.

25. La Chapelle de saint Eustache. Le Tableau de l'autel représente la Transfiguration de Notre Seigneur, peint d'après *Raphael*. Vis-à-vis, il y a un Tombeau de marbre noir, qui est celui du Maréchal de Guébriant, tué d'un coup de canon en 1643, au Siége de Rotweil. Pour honorer les services qu'il avoit rendus à l'Etat, le Roi Louis XIII. le fit inhumer avec pompe dans cette Eglise : on devoit ériger un magnifique Tombeau à la gloire de ce fameux Général ; on ignore ce qui en a empêché l'exécution. Il avoit épousé Renée

du Bac-Crêpin, fille du Marquis de Vardes; Elle mourut à Périgueux le 2 Septembre 1659, & fut inhumée auprès du Maréchal son mari : Elle avoit été employée dans différentes négociations, principalement en Pologne, avec le titre d'Ambassadrice extraordinaire, (ce qu'on n'avoit pas encore vu d'une femme.) Leur Epitaphe est gravée sur un marbre noir qui est au-dessous du Tombeau, ainsi qu'il suit :

PIIS & heroïcis manibus
JOANNIS-BAPTISTÆ DE BUDES, Comitis
De Guébriant, Galliæ polemarchi;
Qui ex antiquâ Britaniæ minoris Gente éditus,
Per omnes militiæ gradus ad re ibellicæ
Apicem solo virtutis suffragio evectus,
Germaniam implevit rerum gestarum
Gloriâ, & post multas victorias,
In obsidione Rothvelliæ urbis lethaliter
Vulneratus, captâ urbe,
Exercitûs, desiderio, & Reip, damno
A vivis sublatus est, die 24 Novembris 1643,
Ætatis, 42.
Delphino filio moderatorem
Destinaverat Ludovicus Justus,
Galliæ Rex,
Funere
Demùm Regio elatus frequenti;

Ordinum concursu in hac orbis Gallici
Principe Basilica honorificè
Conditus est.
Hîc etiam sita est
Renata Dubec-Crêpin,
Incomparabilis fœmina
Natalium splendore, & virtutum gloria,
Non impar marito uxor, quæ inter
Viduitatis luctum & lacrymas
A Christianissimo Rege seren.
Et Poliniæ Reginæ Mariæ Gonzagæ,
Comes itineris addita:
Suprà sexûs conditionem, & ad
Singularem prudentiæ commendationem
Legationis munere fungens
Apud Septentrionis Principes,
Germaniam, Poloniam, Italiam,
Et alias orbis plagas
In administrationem sui traxit,
Tandem à Ludovico Magno
Regiæ sponsæ Mariæ Theresiæ
Electa Comes honoraria
Dum in Aquitaniam ad Reginam
Purgeret apud Petrocorios obiit.
Die Septemb. 1659, ætati 59.
Hîc etiam marito justa persolvi
Singulis annis curavit
Die XXIV. Novembris.

La même en François.

CY gist JEAN-BAPTISTE DE BUDES, Comte de Guébriant, Maréchal de France; issu d'une des plus anciennes Maisons de Bretagne.

Lequel, après avoir passé par toutes les différens grades de la Guerre, parvint par sa valeur au dégré le plus éminent.

Il laissa dans toute l'Allemagne des monumens de sa gloire, & après avoir remporté plusieurs victoires, il fut blessé mortellement au Siége de Rotweil.

Il mourut après le Siége de la Ville, également regretté des Soldats & de l'Etat.

Louis le Juste l'avoit désigné Gouverneur de son Fils.

Il a été inhumé dans cette Métropole avec une pompe vraiment royale, à laquelle les différens Ordres de l'Etat se sont fait un devoir d'assister.

Ici repose aussi Renée du Bec-Crêpin, qu'on pouvoit appeller une femme incomparable, digne par sa haute naissance & par ses vertus d'être l'épouse d'un si grand homme.

Pendant son veuvage, le Roi voulut qu'elle accompagnât dans son voyage Marie de Conzague, Reine de Pologne.

Elle fut revêtue du titre d'Ambassadrice extraordinaire en Pologne, (honneur qui étoit au-dessus de son séxe,') & dont elle fut redevable à sa prudence & à ses rares qualités.

Elle fut aussi employée dans différentes négociations auprès des Princes du Nord, d'Allemagne, de Pologne, d'Italie, & d'autres Souverains de l'Univers.

Enfin, Louis XIV. l'ayant élevée à la dignité de Dame d'honneur de la Reine Marie-Thérèse son épouse, elle mourut à Périgueux en allant en Guyenne trouver la Reine, au mois de Septembre 1659, âgée de 59 ans.

Elle a fondé un Service, qui se célébre dans cette Eglise tous les ans le 24 Novembre, pour le repos de l'ame de son époux.

Au-dessus de ce Tombeau, il y a un petit Tableau très-estimé; c'est la Cêne de N. S. peint sur bois par *de Somme*.

26. La Chapelle de saint Jean l'Evangéliste & de sainte Agnès.

27. La Chapelle de Notre-Dame de Liesse, à côté de la croisée du Cloître. Le Tableau de l'autel représente la Ste Vierge tenant son fils Jesus.

En suivant sur les bas côtés.

28. La Chapelle de saint Nicolas. Le

Dw

Tableau de l'autel repréſente ſaint Nicolas & ſaint Charles Boromée.

29. La Chapelle de ſainte Catherine. Le Tableau de l'autel repréſente cette Sainte, avec les inſtrumens de ſon martyre, nouvellement peint par M. *Vien.* Le Chapitre a concédé cette Chapelle à M. l'Abbé de la Grange, Chanoine de cette Egliſe, pour lui ſervir de ſépulture; lequel a laiſſé par ſon teſtament un fond conſidérable pour la décorer, tel qu'on la voit aujourd'hui : Elle eſt ornée d'une belle boiſerie & dorure. Le Tombeau qui eſt vis-à-vis l'autel a été exécuté par M. *Adam*; il eſt fait en pyramyde, compoſé de différens marbres choiſis & veinés, orné de dorures, au milieu duquel eſt poſé un marbre blanc, où ſe trouve le portrait en bas-relief de cet illuſtre Abbé, où au bas de ce même Tombeau, on lit cette Epitaphe:

DEO OPTIMO MAXIMO.

HIC JACET

Beatam expectans reſurrectionem,

Carolus de la Grange-Trianon,

Diaconus Pariſinus à die ſeptimâ menſis

Aprilis 1679.

Hujuſce Eccleſiæ Canonicus à die quartâ

Aprilis 1728. Jubilæus.

Abbas Baro Sancti Severi in suprema Curia
Parlamenti Senator,
Urbanitate quâ generis Nobilitati par esset
æquabilitate vitæ
Beneficiæ in omnes voluntate omnibus Carissimus;
Decorem Domûs ejus imprimis dilexit,
Chorum eleganti ditavit Aquilæ
Sacellum istud suo ære ornavit.
Obiit die Veneris decimâ mensis Julii.
Anno 1733.
Octoginta annos natu.
Requiescat in pace.

LA MESME EN FRANÇOIS.

ICi repose, en attendant la résurrection bienheureuse, CHARLES DE LA GRANGE-TRIANON, ordonné Diacre à Paris le 7 Avril 1679, & Chanoine de cette Eglise le 4 Avril 1728, Abbé Baron de Saint-Sevére, & Conseiller au Parlement

Sa douceur égaloit la noblesse de son extraction; il s'attira l'amour de tous ceux qui le connoissoient par l'égalité de son humeur & par sa générosité. Il a sur-tout aimé à orner cette Eglise.

Il a fait présent d'un magnifique Aigle pour être placé dans le Chœur, & a orné cette Chapelle à ses dépens.

Il mourut le 10 Juillet 1733, âgé de 80 ans.

Requiescat in pace.

30. La Chapelle de ſaint Julien-le-Pauvre, & de ſainte Marie d'Egypte Le Tableau de l'autel repréſente l'Abbé Zozime donnant la ſainte Communion à ſainte Marie l'Egyptienne, Solitaire, ſi fameuſe au cinquiéme ſiécle par ſa pénitence. Ce Tableau eſt eſtimé & eſt un des meilleurs de ceux que *Baugin* a peints; il eſt gravé par *Duflos*. Le grand Tableau qui eſt vis-à-vis, repréſente les Noces de Cana, où Notre Seigneur fit ſon premier miracle, en changeant l'eau en vin, par *Cotelle*, en 1631.

31. La Chapelle de ſainte Genevieve. Le Tableau de l'autel repréſente la Sainte Vierge avec ſon Fils Jeſus, ſaint Jean-Baptiſte & ſainte Genevieve.

32. La Chapelle de ſaint Leonard. Le Tableau de l'autel repréſente ce Saint, peint par *Philippe Campagne*. Le grand Tableau vis-à-vis, eſt un vœu de Madame la Grande-Ducheſſe, au ſujet de ſa maladie, peint par *Dumeſnil* le pere.

En entrant dans cette Egliſe, on voit ſur la droite une figure coloſſale; c'eſt la repréſentation de ſaint Chriſtophe, traverſant les eaux, ayant ſur ſes épaules un Enfant, qui eſt Jeſus-Chriſt. Cette Statue a 28 pieds de hauteur, ſon pied, une aulne de long & ſon pouce un pied de Roi. Au bas de cette Figure, il y a un Autel où on dit des Meſſes tous les ans le jour de la Fête de ce Saint. Dans un enfoncement au-deſſus de cet Autel, on voit un Vieillard mourant, ſoutenu par ſes fils, & qui après ſa mort, eurent diſpute entr'eux au ſujet de ſa ſucceſſion, prétendant tous, chacun en leur particulier, être le ſeul fils légitime. Ils étoient quatorze freres; & pour les mettre d'accord, il fut dit, que celui d'entr'eux qui décocheroit ſa fléche le plus près du cœur, auroit l'héritage du pere; pour cet effet, on l'attacha à un arbre qu'on voit à la droite: & de l'autre côté, les quatorze freres ſont deux à deux à la file, tenant l'arc, & décochant leurs fléches ſur le Vieillard. Parmi ce nombre, il s'en trouva un qui eut horreur de cette barbare action; & plutôt que de tremper ſes mains dans le ſang de ſon pere, quoique mort, il renonça à l'héritage. On reconnut alors qu'il étoit le ſeul fils légitime; & la force du ſang l'ayant emporté ſur l'intérêt, on lui adjugea la ſucceſſion de ſon pere.

Vis-à-vis la grande figure de ſaint Chriſtophe, on voit un homme qui eſt à genoux ſur une pierre quarrée, ſoutenue par une colomne; autour de cette pierre, on lit ces mots : *C'eſt la Repréſentation de noble homme Meſſire Antoine des Eſſarts, Chevalier, jadis Sieur de Thierre, & de Clatigny au Val de Galie, Conſeiller & Chambellan du Roi notre Sire, Charles VI. de ce nom; lequel Chevalier fit faire cet grand Image & remembrance de Monſieur ſaint Chriſtophe, en l'an* 1413. *Priez Dieu pour ſon ame.*

A l'autre gros pilier, qui eſt vis à-vis ſaint Chriſtophe, eſt attaché un petit Tableau; c'eſt un vœu fait à la Sainte Vierge, par un homme, qui en paſſant ſous le petit Châtelet, une Charrette chargée de moëlons lui paſſa ſur le corps ſans être bleſſé. Ce fait eſt encore au haut de ce Tableau.

L'Orgue de cette Egliſe eſt poſé au-deſſus de la grande porte du milieu, & fait face au Chœur : il a été rétabli à neuf depuis quelques années, & a été augmenté de quatorze cens tuyaux; il eſt très eſtimé comme étant le plus complet du Royaume, par le nombre de jeux dont il ſe trouve compoſé, contenant plus de huit mille tuyaux : c'eſt une très-belle piéce à voir.

C'eſt de cet endroit qu'on découvre

entierement le Chœur, la Nef, les Bas-côtés, & tout le tour des Galeries. On peut dire que c'eſt une belle perſpective & un beau point de vûe, qui ſe voit d'un coup d'œil. Effectivement, ce ſacré Temple eſt ſi majeſtueux & ſi reſpectable, qu'on eſt frappé d'étonnement en le voyant de cet endroit; auſſi cette Egliſe eſt-elle une des plus belle du Royaume, & il ne faut point être curieux, ſi on néglige de voir ce point de vûe; comme auſſi d'aller ſur la plate-forme des Tours, pour voir la grandeur de la Ville de Paris. Ceux qui voudront avoir cette curioſité, trouveront, à main gauche, en entrant dans cette même Egliſe, du côté de la façade, une porte quarrée; on montera juſqu'à ce qu'on trouve une porte qui ferme l'eſcalier, à côté de laquelle eſt un cordon de ſonnette que l'on tirera, & on leur ouvrira la porte ſur le champ.

Le Tréſor de cette Egliſe.

Le Tréſor de cette Egliſe eſt à côté de la Sacriſtie du Chœur, qui eſt du côté de l'Archevêché. Il paſſe pour être très riche, & mérite d'être vû, par la quantité de Châſſes & de Reliquaires qui s'y trouvent, entr'autres les Châſſes de la Sainte Vierge, de ſaint Côme, de ſaint Damien, de ſaint Germain, Evêque de Paris, de ſaint Severin, de ſaint Lucain Martyr, & des Chefs de ſaint Denis, premier Evêque de Paris, de ſaint Juſtin, de ſaint Genculphe & de ſaint Philippe, qui eſt de vermeil doré, dont le colier eſt d'or. Ce Chef eſt ſoutenu par des Anges; il a été donné par les Chanoines de Saint-Sernin de Toulouſe, à Jean Duc de Berry, lequel Prince en fit préſent à cette Egliſe. On y voit auſſi une côte du Roi ſaint Louis; pluſieurs Croix enrichies de pierreries, dont une nommée la Croix d'Anteau, où ſe trouve enchaſſé un morceau précieux de la vraie Croix, ce qui a donné lieu de faire double la Fête de la Suſception de la ſainte Croix, que l'on célébre ordinairement le premier Dimanche d'Août. Il ſe trouve auſſi un Calice d'or très-ancien & très-bien travaillé; un Soleil de vermeil doré, d'une très-belle hauteur, préſent donné par M. l'Abbé de la Porte, dont le portrait eſt placé dans ce lieu, que *Jouvenel* a peint. Il y a auſſi pluſieurs ornemens d'Egliſe, très beaux & très-riches, & un entr'autres qui ne ſert qu'aux Fêtes Annuelles, dont le fond eſt un cramoiſy brodé de Perles; c'eſt un préſent fait à cette Egliſe par la Reine Iſabelle de Baviere, pour accomplir un vœu qu'elle avoit fait à Dieu & à la Sainte Vierge, au sujet de la guérison de la maladie du Roi Charles VI. son époux.

Tombeaux & Sépultures remarquables, tant dans l'ancien Chœur que dans la Nef.

Philippe de France, Archidiacre de Paris, fils de Louis le Gros, Roi de France, mort en 1161.

Geoffroy Duc de Bretagne, Comte de Richemont, troisiéme fils de Henri II. Roi d'Angleterre, mort en 1186.

La Reine Isabelle, premiere femme du Roi Philippe II. surnommé Auguste, morte en 1190.

Philippe de France, Comte de Boulogne, fils du Roi Louis VIII. mort en 1218.

Louis de France, Duc de Guyenne, Dauphin de Viennois, fils du Roi Charles VI. mort en 1415.

Le cœur de Louise de Savoye, mere du Roi François I. morte en 1531.

Odo de Soliaco, soixante-onziéme Evêque de Paris, mort en 1208.

Etienne II. dit *Tempier*, soixante-dix-huitiéme Evêque de Paris, mort en 1279.

Aimeric de Magnac, Cardinal, & 90me Evêque de Paris, mort en 1384.

Pierre d'Orgemont, quatre-vingt-onziéme Evêque de Paris, mort en 1409.

Henri de Gondy, Cardinal, cent huitiéme Evêque de Paris, mort en 1622.

Jean-François de Gondy, premier Archevêque de Paris, mort en 1654.

Jean-François-Paul de Gondy, Cardinal de Retz, deuxiéme Archevêque de Paris, mort en 1679. enterré à Saint-Denis en France.

Pierre de Marca, troisiéme Archevêque de Paris, mort en 1662.

Hardouin de Perefix, quatriéme Archevêque de Paris, mort en 1671.

François de Harlay de Chanvalon, cinquiéme Archevêque de Paris, & le premier des Archevêques de cette Ville qui a eu le titre de Duc de Saint-Cloud & Pair de France; il avoit été nommé au Cardinalat par le Roi Louis XIV. il est mort en 1695.

Louis-Antoine Cardinal de Noailles, sixiéme Archevêque de Paris, mort en 1729.

Charles-Gaspard-Guillaume de Vintimille du Luc, septiéme Archevêque de Paris, mort en 1746.

Gigaut de Bellefond, huitiéme Archevêque de Paris, mort en 1746.

Pierre de Château-Prés, Chanoine de cette Eglise, mort en 1524.

Paul-Emile, Chanoine de cette Eglise, mort en 1559.

Son Epitaphe.

PAULUS EMILIUS
Veronensis,
Hujus Ecclesiæ Canonicus, qui præter
Eximiam vitæ sanctitatem, quanta
Quoque doctrinâ præstiterit, index atque
Testis erit, Historia de rebus gestis
Francorum posteris ab eodem edita
Obiit, an. D. 1.5).
Die 5 mensis. Maii.

La même en François.

CY gist PAUL-EMILE, natif de Vérone, Chanoine de cette Eglise, qui fut recommandable, non-seulement par la sainteté de sa vie, mais encore par l'étendue de son érudition, dont on peut juger par l'Histoire de France, qu'il a laissée à la postérité. Il mourut le 5 Mai 1559.

Joachim du Bellay, Chanoine & Archidiacre de cette Eglise, mort en 1560.

Pierre de l'Escot, Abbé de Cluny & Chanoine de cette Eglise, mort en 1578.

Renauld de Beaune, Chanoine de cette Eglise, mort en 1606.

Son Epitaphe.

D. O. M.

Et æternæ memoriæ,
Viri immortalitate dignissimi,
REGNALDI DE BEAUNE,
Qui sex Christianissimis Regibus
Francisco I. Henrico II. Francisco II.
Carolo IX. Henrico III Henrico IV.
Fidelem strenuamque navavit operam,
Francisci Andium & Alenconii Ducis,
Cancellarius, in aula Palatinus, in
Senatu Parisiensi Sanctiorique Consilio Senator,
In Sacerdotum Conventu
Ecclesiasticis Officiis gloriosè perfunctus
Primum Mimatensis Episcopus,
Deinde Bituricensis Patriarcha,
Archiepiscopus
Aquitaniæ primas,
Posteà Senonum Archiepiscopus,
Galliæ & Germaniæ primas
Magnusque Franciæ Eleemosinarius

Plenus honoribus & annis,
Animam ſcientiis omnibus
Et virtutibus decoratam Deo reddidit,
Anno ætatis 79.
Reparatæ ſalutis, 1606.

La même en François.

CY giſt REGNAULD DE BEAUNE, Homme digne de l'immortalité, qui a été employé ſous les regnes de François I. Henri II. François II. Charles IX. Henri III. & Henri IV. Il fut Chancelier du Duc d'Anjou & d'Alençon, Conſeiller au Parlement de Paris, & Conſeiller d'Etat. Il a été élevé à pluſieurs dignités Eccléſiaſtiques. Après avoir été Evêque de Mande, il fut fait Archevêque de Bourges & Primat d'Aquitaine, enſuite Archevêque de Sens, & Primat des Gaules & de Germanie, puis Grand Aumônier de France. Il avoit autant de vertu que d'érudition. Il mourut âgé de 79 ans, l'an 1606.

Claude Joli, Chantre & Chanoine de cette Egliſe, mort en 1700. Il a été inhumé à côté de Guy Loiſel ſon oncle, très-digne Magiſtrat par ſon intégrité, & très-recommandable par ſa ſcience & ſon érudition. Sur la Tombe qui leur eſt commune, on lit ces mots :

WIDUS LOISELLUS
Reſurrectionem hîc expectat
XIII. Kalendas Januarii,
M. DC. XXXI.
Ejuſque Nepos CLAUDIUS JOLY,
Canonicus, Præcentor & Officialis
Pariſienſis,
Qui Obiit 15 Januarii 1700,
Ætatis ſuæ, an. 93.

La même en François.

CY giſſent GUY LOISEL, qui mourut le 20 Décembre 1631, & CLAUDE JOLY ſon neveu, Chanoine, Chantre & Official de Paris. Il mourut le 15 Janvier 1700, âgé de 93 ans.

Antoine de la Porte, Chanoine Jubilaire de cette Egliſe, mort en 1710. Sur ſa Tombe, qui eſt vis-à-vis la grande Porte du Chœur, on a gravé cet Epitaphe :

STa, Viator,
Adoratoque Deo,
Mireris commemorandam liberalitatem
D. D. ANTONII DE LA PORTE,

Hujus Ecclesiæ Can. Jubilæi,
Cujus cineres
Hîc beatam resurrectionem expectant.
Hostiæ salutari Tabernaculum in Sole
Ex argento deaurato, pondo librarum 100.
posuit,
Tabulis Octo egregiè pictis hunc Chorum
Exornavit,
Reditu annuo 800. libellarum
Ecclesiam Parisiensem
Auxit.
Nosocomii vero pauperes hæredes exasse
Reliquit,
Quæ dona
Non mors extersit exanimi,
Sed pietas imperavit incolumi,
Denique
Gravis annis, meritis gravior,
Quas cœlo consecravit opes,
Multiplicato fœnore percepturus,
Obiit
XXIV. Decemb. Ann. Domini 1710.
Ætatis 83. Can. 60.
Desiderium sui relinquens & exemplum,
Tot Beneficiorum memor, Eccl. Parisiensis
Solemni sacrificio, quotannis 24 Decemb. die,
Benefactori suo
Parentat.

La même en François.

ARrêtez-vous, Passant, & après avoir adoré Dieu, admirez la générosité à jamais mémorable de M. ANTOINE DE LA PORTE, Chanoine Jubilé de cette Eglise, dont les cendres attendent ici la résurrection bienheureuse.

Il a fait présent à cette Eglise d'un Soleil pour l'exposition du Saint Sacrement, du poids de 150 marcs.

Il a enrichi le Chœur de huit Tableaux, peints par les plus habiles Maîtres.

Il a augmenté de 800 liv. le revenu de l'Eglise de Paris.

Il a institué les Pauvres de l'Hôtel-Dieu de Paris ses légataires universels.

Toutes ces bonnes œuvres n'ont point été le fruit d'une débilité d'esprit, ni causées par la frayeur de la mort; mais elles lui ont été dictées par une piété solide, dans le tems qu'il jouissoit d'une santé parfaite & de tout son bon sens.

Le nombre de ses vertus surpassoit celui de ses années.

Il est allé recevoir dans le Ciel, au centuple, le prix des richesses qu'il a consacrées ici-bas à sa gloire.

Enfin, généralement regretté, laissant à la

à la poſtérité un ſi bel exemple, il décéda le 24 Décembre 1710, âgé de 83 ans, après avoir été 60 ans Chanoine.

L'Egliſe de Paris, en reconnoiſſance de tant de bienfaits, célebre un Service ſolemnel pour le repos de l'ame de ſon bienfaiteur, tous les ans le 24 Décembre.

Claude Châtelain, Chanoine Honoraire de cette Egliſe, mort en 1712. Sur ſa Tombe, qui eſt à côté de la Porte rouge, on lit cette Epitaphe:

HIc jacet
CLAUDIUS CHASTELAIN, Pariſinus,
Eccleſiæ Pariſienſis Canonicus Preſbyter;
Vir ingenio, doctrinâ, pietate magnus,
Animi modeſtiâ, & morum candore parvulus,
Antiquitatibus & ritibus Eccleſiaſticis
Peritiſſimus;
Rei privatæ neſcius;
Dilexit imprimis decorem Domûs Dei,
Verî ubique ſagax indagator
Linguæ Patriæ origines percalluit,
Sanctorum acta
Edito in lucem inſigni Martyrologio
Illuſtravit.
Quod ſine fictione dicerat,
Sine invidia communicavit;

E

Consulentibus se satisfecit semper,
Et ex incertis certos dimisit,
Regni propè totius sacris in rebus
Oraculum.
Exhaustis labore viribus,
Obviam Christo prævivit,
Dominica Palmarum die XX, Martii,
Ann. M. DCC. XII,
Ætatis LXXII, Canonicatûs XLIX.
Hoc grati animi Monumentum
Carissimo Patruo,
Steph. Maria Châtelain, Eccl.
Paris. Can.
Posuit.

La même en François.

CY gist CLAUDE CHASTELAIN, natif de Paris, Prêtre & Chanoine de cette Eglise.

Grand par son esprit, sa science & sa piété, il voulut paroître petit par sa modestie & la candeur de ses mœurs.

Il fut très-versé dans la connoissance de l'Antiquité, des Rits Ecclésiastiques, & très-désintéressé.

Il s'attacha entr'autres choses à l'embellissement de la Maison du Seigneur.

Il chercha la vérité dans sa source, & fut très versé dans la connoissance de la Langue Hébraïque.

Il a composé un sçavant Martyrologe.

Il étoit sincére & d'un accueil prévenant.

Il a toujours renvoyé ceux qui le consultoient également satisfaits de sa sincérité & de son érudition.

Il pouvoit être appellé l'Oracle de la France pour la décision des matieres ecclésiastiques.

Un long travail qui avoit épuisé ses forces, l'enleva de ce monde le Dimanche des Rameaux, deuxiéme de Mars 1712, à l'âge de 72 ans. Il avoit été Chanoine 49 ans.

Etienne-Marie Châtelain, Chanoine de cette Eglise, plein de respect & de reconnoissance pour son Oncle, lui a fait ériger ce Monument.

LE CHAPITRE.

LE Chapitre de cette Eglise est composé de cinquante-deux Canonicats, y compris les huit Dignités; sçavoir, le Doyen, qui est élû par le Chapitre; le Grand-Chantre, les trois Archidiacres de Paris, de Josas & de Brie; le Sous-Chantre, le Chancelier & le Pénitencier, qui sont tous élûs par l'Archevêque. On prétend que leurs revenus montent à plus de deux cens quarante-neuf mille livres par an, depuis la réunion du Chapitre de Saint-Germain-l'Auxerrois à cette Eglise en 1744, sans compter les Maisons Canoniales, & deux muids de sel par an, que le Roi Louis XII. a fondé pour son Anniversaire, qui se fait le lendemain des Rois.

Il y a six Vicaires perpétuels, deux Vicaires Chanoines de Saint-Aignan, une Chapelle Soudiaconale de 800 liv. de revenu; douze Bénéficiers Chanoines de Saint Denis-du-Pas; huit Bénéficiers Chanoines, & deux Curés de Saint-Jean-le-Rond, réunis depuis quelque tems à Saint-Denis-du-Pas, qui est à present la Paroisse du Cloître. Tous ces Bénéficiers ont chacun huit cens livres de revenu. Il y a de plus cent trente Chapelains attachés à cette Eglise, fondés depuis cent livres de revenu par an, jusqu'à quinze cens livres, non-compris la Chapelle de la Sainte Vierge, anciennement nommée la Chapelle d Paresseux, dont le revenu est au moins de eux mille cinq cens livres, mais réuni au Chapitre pour augmenter les gages des Musiciens de cette Eglise, lesquels, tous les Samedis de chaque semaine, chantent un Motet devant cette Chapelle. Il y a douze

Enfans-de-Chœur, quatre Marguilliers Laïcs qui aſſiſtent à l'Office des Grandes Fêtes, quatre Chapitres Collégiaux nommés les quatre Filles de Notre-Dame, qui ſont, Saint-Merry, Saint-Benoît, Saint-Etienne-d'Egrès & le Sépulcre, dépendans de ce Chapitre, & qui aſſiſtent aux Proceſſions générales quand on les demande. Ce Chapitre a Haute, Moyenne & Baſſe Juſtice, appellée *la Barre du Chapitre*, compoſée d'un Bailly, d'un Procureur Fiſcal, d'un Promoteur, d'un Vice-Promoteur & d'un Greffier. Les Chanoines, les Bénéficiers, les Chapelains & les autres Officiers de cette Egliſe, comme auſſi les quatre Filles de Notre-Dame, l'Hôtel-Dieu, ſont tous ſujets à cette Juriſdiction, & au Synode qui ſe tient tous les ans au mois de Mars.

On compte ſix Papes, 32 Cardinaux, 32 Archevêques, & plus de 150 Evêques qui ont été Doyens, Archidiacres & Chanoines de cette Egliſe; & on peut dire, qu'il n'y a point de Cathédrale en Europe, où l'Office ſe faſſe avec tant d'exactitude, de décence & d'edification, qu'à Notre-Dame de Paris. Les cérémonies de l'Egliſe y ſont obſervées avec une grande régularité. Les Chanoines chantent Matines à minuit, ſelon l'ancien uſage. Cette Egliſe eſt preſque la ſeule entre les Séculieres, qui l'ait conſervé.

A l'égard du Spirituel, il eſt bon de ſçavoir que cette Egliſe eſt Métropole & le Siége d'un Archevêque, qui a été érigé en 1622, par le Pape Urbain VIII. à la réquiſition du Roi Louis XIII. L'Archevêque de cette Egliſe eſt né Duc de Saint-Cloud & Pair de France, & eſt honoré de l'Ordre du Saint-Eſprit. On compte juſqu'à préſent cent dix-huit tant Evêques qu'Archevêques qui ont gouverné cette Egliſe, dont pluſieurs ont été mis au rang des Saints. Ce Siége eſt aujourd'hui rempli par Chriſtophe de Beaumont du Repaire, neuviéme Archevêque de Paris, & qui a pour Suffragans, les Evêchés de Chartres, de Meaux, d'Orleans & de Blois; & a ſous ſa dépendance ſept Doyennés, vingt-trois Chapitres, trois Abbayes, ſoixante-ſix Prieurés, cent quatre-vingt-quatre Monaſtéres & Communautés, quatre cens ſoixante-onze Cures, deux cens cinquante-ſix Chapelles & trente-quatre Maladeries. Son revenu monte à plus de cent cinquante mille livres par an, depuis la réunion de l'Abbaye de Saint-Magloire à cet Archevêché.

Quand l'Archevêque marche aux Proceſſions générales, il eſt aſſiſté de ſes quatre Filles, qui sont quatre Chapitres ; sçavoir, Saint-Germain-l'Auxerrois, mais réuni à Notre-Dame, Saint-Marcel, Sainte-Opportune, & Saint-Honoré.

FIN.

ERRATA.

Pag.	*Lign.*	*Fautes.*	*Corrections.*
7.	9.	La Charpenterie	La Charpente
33.	19.	Boullogne le pere	Gases
48.	1.	Domini	Domui
54.	14.	mais il a	mais sa
58.	16.	tenero	Genero
58.	19.	à sanctoribus	à sanctioribus
59.	17.	dulcimus	dulcissimus
59.	22.	mense	vixit menses
60.	23.	survéquit	survécut
63.	25.	d'Harcourt & son Epouse	& de la Maréchale d'Harcourt
72.	11.	Episcopo	Archiepiscopo

☞ Remarquez à l'entrée de la nef une grande tombe de pierre de dix pieds de long, au milieu de laquelle est une tour, qui, à ce que l'on prétend, sont les armes parlantes d'un Enfant-de-Chœur nommé *Latour*, de la hauteur de neuf pieds, qui y est enterré, étant mort de chagrin de se voir si grand.

CATALOGUE

Des Livres qui se vendent chez le même Libraire.

TArif des Glades de la Manufacture Royale, *très-portatif*, *relié en veau.* 1 liv. 5 f.

Le même, gros caractére, augmenté du Tarif de la Vaisselle platte, poinçon de Paris & des Provinces, Jettons de France, Or & Argent cassé, &c. *relié en veau*, 1 liv. 15 f.

Tachmas, Prince de Perse, Nouvelle historique & tragique, ornée de figures, *volume* in-12. *broché*, 15 f.

La Folie Précepteur, *ou* l'Art de ne pas penser, Bagatelle à la mode, ornée de Vaudevilles, *in-12. broché.* 8 f.

Instructions morales sur les Evangiles des Dimanches, par demandes & réponses, par M. *Barthelemy*, Docteur de la Faculté de Théologie de Paris, *in-12 relié*, 2 liv.

Concile de Trente, *en François*, par *Chanut*, relié, 2 liv.

Le même, en Latin, *relié.* 2 liv,

Le Cathéchisme du même Concile, *en Latin*, 2 liv.

Ancienne Liturgie de la Messe, par M. l'Abbé *Grandcolas*, 3 vol. *in-octavo*, 6 liv.

Les Pseaumes de David, *en trois colomnes*, par *Lenoble*, 1 vol. *in-octavo*, 2 liv.

Le même, en deux colomnes, 1 vol. *in-12.* 1 liv. 10 f.

La Philosophie occulte, *ou* Traité de la Baguette divinatoire, *avec figures*, 2 vol. *in-12.* 2 liv. 10 f.

Dissertation sur la Géométrie, *&c.* avec figures, par M. *Liger*, 2 volumes *in-12. brochés*, 2 liv.

De M. Gallimard.

Méthode théorique & pratique d'Arithmétique, d'Algébre & de Géométrie, mise à la portée de tout le monde, & rendue facile à pouvoir soi-même s'en instruire en peu de jours, & leur application à divers usages, *avec figures*, in-12. *broché*, 8 f.

www.ingramcontent.com/pod-product-compliance
Ingram Content Group UK Ltd.
Pitfield, Milton Keynes, MK11 3LW, UK
UKHW021106220726
13924UKWH00004B/1532